MÉDITATIONS OSTÉOPATHIQUES

Face à l'énigme du « patient-humain »

CLAUDE BOCHURBERG

MÉDITATIONS OSTÉOPATHIQUES

Face à l'énigme du « patient-humain »

ESSAI

© 2020 Claude BOCHURBERG

Éditeur : BoD-Books on Demand
12-14 rond-point des Champs-Élysées, 75008 Paris
Impression : Books on Demand, Norderstedt, Allemagne

ISBN : 9782322204809
Dépôt légal : Juin 2020

DU MÊME AUTEUR

1- « Jeux de mains, jeux de vie, l'alternative ostéopathique », avec la collaboration de Françoise Edmonde Morin, Le Seuil 1983
2- « Mémoire et Vigilance », préface de Serge Klarsfeld, Le Liseré Bleu 1983
3- « Traitement des rhinites et sinusites chroniques », Maloine 1986
4- « Une approche ostéopathique de l'angoisse », Maloine 1986
5- « Brasillach ou la célébration du mépris », en collaboration avec Jacqueline Baldran, AJ Presse 1990
6- « A l'écoute infinie de la nuit », en collaboration avec Jacqueline Baldran, l'Harmattan 1990
7- « La vieille femme qui passait », Bibliophane 1991. Rédition augmentée, AJ Presse 2007
8- « La relation inachevée ou une approche phénoménologique de la relation ostéopathique », l'Harmattan 1991
9- « l'Histoire bafouée ou la dérive relativiste », avec la participation de Jacqueline Baldran, l'Harmattan 1992
10 - « Rubrique mémoire », recueil d'articles publiés dans « Actualité Juive », présenté par Jacqueline Baldran AJ Presse 1992
11 – « Parole au corps », l'Harmattan 1993
12 – « David Rapoport, la Mère et l'Enfant, 36 rue Amelot, » en collaboration avec Jacqueline Baldran, Montorgueil-CDJC 1994, et réédition Mémorial de la Shoah, 2008
13- « Le corps et l'aventure ostéopathique », l'Harmattan 1996

14- « Entretiens avec Serge Klarsfeld », Stock 1997

15- « Le cri du psoas ou le reflet de l'humain », AJ Presse 2001, suivi de 4 rééditions

16- « La main ou la promesse d'une parole-geste », AJ Presse 2003

17- « La brisure de la coque ou une transmission éthique du dire dans l'œuvre de Levinas », préface de Marc-Alain Ouaknin, AJ Presse 2006

18- « La vieille femme qui passait », AJ Presse 2007, Edition revue et augmentée

19- « Le patient-humain », AJ Presse, 2008

20- « Plaidoyer pour l'opacité », Essai, revue Sigila 2010

21- « Les Témoins et le Témoin », préface de Serge Klarsfeld, FFDJF 2011

22- « Souffler sur les braises pour que revivent les ombres », préface de Serge Klarsfeld, AJ Presse 2014

23- « Militer et Témoigner » avec Serge Klarsfeld FFDJF 2016

24- « Introduction à l'ostéopathie psychosomatique », AJ Presse 2017

25- « Les derniers porteurs de voix, la lecture « Primultime » des Fils et Filles des déportés Juifs de France », FFDJF 2017

26- « Marcel (Meir Elazar) Kulski, un prince-médecin », AJ Presse 2019

27- « Militer et Témoigner 2015-2019 » avec Serge Klarsfeld, FFDJF 2020

28- « Henri Zajdenwerger, l'ultime », préface de Serge Klarsfeld, FFDJF, 2020

29- « Résonances », FFDJF, 2020

A Françoise, ma tendre complice

A nos fils :

Lionel-Mordechai Bochurberg, Avocat aux Barreaux de Paris, Californie, Washington, Montréal, Docteur en Droit, spécialiste de Droit des affaires et de la propriété intellectuelle. Auteur.

Arnaud Bochurberg, Directeur de Société, Professeur Associé à l'Université Gustave Eiffel, spécialiste en Psychosociologie de la Communication. Auteur. Officier dans l'ordre des Palmes Académiques

En témoignage de nos échanges ininterrompus, propices à l'éveil de la pensée…

AVANT PROPOS

Le projet de cet ouvrage consiste à rassembler différentes pistes de réflexions consacrées à « l'être-corps », dans le cadre de la consultation en Médecine Ostéopathique

Les textes qui sont proposés ici se déploient sur la durée, et ont fait l'objet de communications sur invitation, auprès d'instances officielles, dans le milieu ostéopathique, littéraire, associatif ou universitaire.

Ils sont proposés ici, sous le signe d'un partage confraternel, pour que se poursuivent le questionnement, et la nécessité de pratiquer une herméneutique toujours fraîche, face au « patient-humain », dont la complexité est infinie...

LA MAIN OU LA PROMESSE D'UNE PAROLE-GESTE.
(CERISY-LA-SALLE)

A Cerisy-la-Salle, ce haut lieu du débat intellectuel Français, espace de liberté pour tant de grands philosophes contemporains, s'est tenu en juillet 2003, un colloque sur le thème de « la Main », organisé par Armelle Chitrit.

Pour la première fois, j'étais invité, en tant qu'ostéopathe, à y prendre la parole.

Il s'agissait là d'une étape de franchie, s'agissant de l'accueil réservé à l'ostéopathie, par les spécialistes des Sciences humaines.

Ouvrir des pistes, explorer à partir du rôle symbolique de la main, l'espace mystérieux de la relation ostéopathique, tendue de ses résonnances existentielles complexes, tel est ce qui anime cette recherche que j'ai eu l'immense plaisir de présenter en ce lieu prestigieux

Cette communication, avec son approche phénoménologique de la « dialectique palpatoire », sa quête, dont l'inachèvement est la règle, voguant le plus souvent tout à la fois, sur les berges de la poésie et de l'ontologie, fut saluée par l'assistance, et donna lieu à une publication que j'ai l'honneur de restituer intégralement ici.

En automne 2002, sur la recommandation de Marc-Alain Ouaknin, un appel en l'occurrence celui d'Armelle Chitrit, enseignante à Lyon, me sollicitait de participer à un colloque sur le thème de la main, au mois de juillet 2003…

Il va sans dire que j'acceptais avec joie. Autant qu'il m'en souvienne, c'est d'abord à Marc-Alain Ouaknin que j'ai pensé, en particulier à l'honneur qu'il me faisait de me recommander pour une communication en ce haut lieu de la culture, lieu mythique, s'il en fut, pour y avoir accueilli tant de philosophes importants, ainsi que j'aurais l'occasion de le mentionner plus loin.

Ensuite, il m'est apparu à l'évidence que ce colloque offrait là une authentique occasion d'instaurer un espace d'échange avec des intervenants issus des Sciences Humaines, ce dont je plaidais pour qu'il en fut ainsi depuis bien longtemps à travers mes ouvrages antérieurs.

Le rôle de la main s'agissant de l'ostéopathie a toujours trop souffert, me semble t-il, de se voir confiné dans un seul registre que je qualifierais de technico-thérapeutique, alors qu'il suppose, en raison de sa complexité même (relation de peau à peau), des angles infiniment plus subtils faisant valoir ses résonances existentielles, voire métaphysiques.

En ce sens, il n'est pas erroné d'affirmer que la Médecine Ostéopathique mérite d'être hissée au rang d'une catégorie philosophique. En tout cas, telle est ma conviction, celle que je défends inlassablement. C'est dire si ce colloque annoncé autour de la main à Cerisy-la-Salle était une chance offerte pour notre Art, celle de présenter un exposé centré sur le rôle médiateur de la main lors de la rencontre thérapeutique dont l'effet le plus inattendu serait d'arracher l'être à lui-même au moyen de ce que j'ai appelé « la parole-geste. »

En un mot, la chance ou le privilège, c'était à la faveur de cette invitation, de pouvoir célébrer notre Art selon les règles qui prévalent en un tel endroit, face à un auditoire choisi, qualifié et unanimement préoccupé par l'exploration de l'humain dans toutes ses composantes.

Les archives le disent : aucun ostéopathe n'était venu tenir une conférence dans cette vénérable maison. Alors quitte à faire preuve d'une fierté mal placée, je voyais là le signe d'une grande étape de franchie, notamment dans l'accueil fait à notre Art par les tenants des sciences humaines.

Le lieu s'y prêtait admirablement bien.

Il n'est pas un ouvrage sérieux touchant à la philosophie, à l'Histoire, à la linguistique ou à la psychanalyse, qui ne soit familier à Cerisy-la-Salle. Dont les auteurs, ayant séjourné en ce lieu si particulier, ont été et sont toujours à l'origine de bien des débats, parmi lesquels nombre d'entre eux, passés à la légende.

En ce château dont les fondations remontent au XVIIème siècle, chaque année de juin à septembre sont organisés une vingtaine de colloques réunissant créateurs, chercheurs, enseignants, auteurs, doctorants, mais aussi un vaste public intéressé par les questions culturelles.

Déjà entre 1910 et 1939, Paul Desjardins organisait à l'abbaye de Pontigny, tout près, les célèbres décades qui avaient rassemblé les plus éminentes personnalités de l'époque pour y débattre de thèmes divers. Bachelard, Gide, Koyré, Malraux, Roger Martin du Gard, Oppenheimer, Sartre, pour ne citer qu'eux, participèrent à ces rencontres qui laissèrent pour la postérité l'empreinte que l'on imagine.

Dans la grande salle attenante à la salle à manger, les murs tapissés de photographies en noir et blanc, témoignent du passage des nobles agitateurs de la vie intellectuelle, non sans saturer le regard d'une certaine nostalgie, face à l'irréversibilité du temps.

Suspendus dans la chair même de la bâtisse, ces grands esprits continuent toutefois leur vie. Le regard ne peut les éviter.

Les disparus comme les vivants forment une famille. Unis sous le signe de la pensée créatrice, ils nous exhortent à « nous désengluer du monde » par la seule force de la parole et de l'écriture.

Ils ont pour noms : Eugène Ionesco, Roland Barthes, Jean François Lyotard, Emmanuel Levinas, François Mauriac, Gilles Deleuze, Jacques Derrida, Elie Wiesel, Jean Bollack, Claude Simon, Jacques Lacan, René Girard, Francis Ponge, Yves Bonnefoy et combien d'autres que je ne peux nommer...

C'est ainsi que Cerisy a atteint une notoriété internationale. Il n'est pas rare d'y croiser des Japonais, des Américains et bien sûr des Européens

Le cadre imposant, la vitalité de la pensée qui s'y épanouie depuis des décennies avec la participation des plus grands philosophes, font de ce lieu, une authentique référence de l'esprit, en même temps qu'un symbole de liberté...

Dimanche 6 juillet 2003, c'est mon tour.

Selon la tradition, la conférence est annoncée par le tintement d'une clochette invitant les participants à gagner la bibliothèque au milieu de laquelle trône un splendide bureau en chêne doré, face à un parterre de chaises placées en arc de cercle.

La reliure des livres offrant toute la palette des tons de cuir, religieusement rangés sur les étagères, les moulures, les boiseries, les tableaux anciens, les fenêtres de style donnant généreusement sur la campagne normande, tout ici prédispose au recueillement.

Sur le bureau sont placés une carafe d'eau et un verre.

Le public s'installe peu à peu…

Je me lance en présentant le thème de mon exposé intitulé :

«La main ou la promesse d'une parole-geste »

La main dont il s'agit ici est une main d'ostéopathe, autrement dit une main attachée à traiter autrui selon une codification propre aux critères de la Médecine Ostéopathique, dont la vocation n'a pour seul objet que de redonner de la mobilité, de la fluidité à l'organisme dans l'attente de le voir atteindre l'homéostasie, l'équilibre, le bien-être…

Refus de la fixation dans le respect des données du vivant, tel est le défi lancé par la main de l'ostéopathe, tout en sachant qu'on ne saurait pour cela satisfaire au moindre esprit de triomphalisme.

Il fallait que cela soit posé d'emblée. L'aventure est en effet par trop extrême, et ce, d'autant plus que le corps, parce qu'il est corps, n'en appelle guère à la médiation. Le trop plein de sa nudité, le condamnerait-il au silence ? C'est à voir.

En attendant, ce que nous pouvons dire, c'est que le corps donne à penser. Derrière l'apparaître de la forme, le corps n'est-il pas transcendance infinie ?

A l'instar d'un texte vivant, il n'est que réserve de sens inépuisable, jamais circonscrit.

Toute l'originalité de la Médecine Ostéopathique – c'est un truisme -, se fonde ainsi sur le rôle médiateur de la main dans la relation thérapeutique. Arracher l'être à lui-même, en le libérant le plus souvent de sa prison de tentacules musculaires, tel est le rôle dévolu à la main de l'ostéopathe en quête d'un sens obscur, difficile, et dont on devine que l'inachèvement est la règle.

C'est que le face à face et l'approche de l'être corps d'autrui sont de nature trop complexe pour que nous puissions en circonscrire la moindre limite. La rencontre-relation tourne irrémédiablement le dos à la totalité. (La totalité est une non vérité, selon les mots d'Adorno).

Naissant au gré d'une temporalité évanescente, entre des interlocuteurs, dont la mouvance d'être témoigne de leur seule certitude, la rencontre-relation ne saurait conclure à quoi que ce soit de formel, de définitif ou d'inscrit dans un destin quelconque.

Au contraire, balançant entre l'excès et le silence, elle n'est qu'attente, ouverture, privilégiant un espace inter humain vierge, à chaque fois recommencé, à chaque fois nouveau, à partir duquel s'échange entre l'un et l'autre le don réciproque du temps comme promesse de l'au-delà de l'essence.

Ainsi la relation interhumaine, totalité éclatée, n'en finirait pas de se languir d'un je ne sais quoi d'absolu.

Cet espace d'intimité inviolable serait en soi, une valeur refuge, probablement l'idée même de la liberté ultime.

Mais en méprisant cet au-delà de l'essence, la violence humaine se laisserait aller à l'idolâtrie du paraître et de la culture du signe.

Il n'y aurait pour l'être-corps aucune possibilité de fuite. Il serait assigné à l'adéquation du signe et du sens. Il serait jugé, lu, compris au sens littéral, au mieux au sens allusif et rejeté en son cri secret. Tel est le reflet de la condition humaine. Elle s'applique à lire le monde et autrui de manière définitive, sans appel aucun.

Si tel est le climat de toute relation, qu'en est-il de la relation thérapeutique et en particulier ostéopathique ?

Elle repose comme toute relation thérapeutique, comme le disait Roland Barthe sur un mythe. En effet : « Quel est le propre du mythe ? », écrivait-il, avant d'ajouter :

« C'est de transformer un sens en forme. » Autrement dit :

« Le mythe est toujours un vol de langage »

Que cela se passe en ostéopathie ou ailleurs, quel praticien peut prétendre à la possession du réel chez son patient ?

Le réel peut-il être perceptible à notre champ de conscience dans sa totalité ?

Le praticien lui-même n'est-il pas perçu comme un mythe ?

N'est-il pas pris pour un sujet aux potentialités imaginaires ?

Et, le patient lui, qui est-il vraiment ?

Voilà autant de vraies questions.

Une seule certitude cependant : loin des approches thérapeutiques figées, du rituel mythique et de la cristallisation des habitudes, tout est à réinventer, tout est à créer. C'est que l'autre n'est qu'énigme, l'autre n'est qu'ouverture. Il est unique. Il est question.

Malgré nos efforts, notre bienveillance et la concrétude de nos actes, il faut le reconnaître, la sémiologie de l'être-corps, traité et palpé, ne reste qu'une virtualité.

Au plus près du corps, la main sur la peau nue d'autrui, il n'y aurait toujours rien à sentir, rien à voir. Malgré son pseudo langage, le corps reste fondamentalement opaque et la main la plus sûre, ne saurait le saisir, le com-prendre !

Le mystère est toujours là et rien n'est plus insupportable aux yeux du praticien que son épaisseur insondable. Au fond ce corps impudique-pudique ne l'abuse t-il pas ?

Par moment en effet le corps en dit trop et le surgissement d'un indice parfait est tel que le praticien court le risque d'un jugement hâtif. Il croit savoir. Il ne saura jamais tout à fait. C'est que l'exister existe pleinement dans l'étant, et rien n'est plus lointain qu'une existence. Le praticien n'est pas Dieu… Comme l'affirmait Vladimir Jankélévitch :

« L'obstacle fait partie de l'énigme à déchiffrer et cette énigme constitue en même temps une espérance. »

Sur les chemins de l'espérance, la relation ostéopathique, forte de son originalité à travers la main comme intermédiaire, n'échappe guère au conflit provoqué par le rapprochement des corps.

Le geste ostéopathique en effet est à l'origine d'une dialectique que nous appelons palpatoire, et qui semble contredire parfois le malaise suscité par la seule présence d'autrui. (Même dans la meilleure disposition disait Emmanuel Mounier dans le « Personnalisme », l'individu obscurcit la communication par sa seule présence).

Sous la main du praticien, une brèche n'est pas loin de s'ouvrir et dès lors le jeu subtil de l'empathie-retrait, de la connaissance-méconnaissance éveille au fur et à mesure de la rencontre, un arrière goût de méfiance et d'harmonie fugace.

Rapprochement-Eloignement.

Vladimir Jankélévitch toujours. Ecoutons le :

« C'est ainsi que l'être est tout ensemble ce qui est uni à la pensée et ce qui lui résiste ; l'être à la fois se donne et se refuse, nous interpelle et se dérobe à nous. Ce geste de la main qui offre et retire, de la volonté qui gravite et s'enfuit, c'est par excellence le geste de l'ambivalence passionnelle. La dialectique est à la fois pour et contre, dit à la fois oui et non. Peut-on affirmer toutefois qu'elle trouve la balance rigoureusement égale entre les contradictoires ? »

Cette contradiction humaine intrinsèque, source de toute dialectique n'est pas pour nous surprendre. Nous l'acceptons.

C'est qu'il n'y a pas de vie sans conflit sous-jacent, sans brisure de la totalité, qu'elle quelle soit.

La frustration engendrée par la dialectique palpatoire, loin d'inhiber notre ardeur renforce paradoxalement notre attente. Et cette tension, nous avons conscience de surcroît qu'il ne saurait exister pour elle de repos, quand bien même succomberait-elle au charme d'une respiration partagée. Il s'agit comme l'a si bien remarqué Jean Wahl : *« d'une tension active dont aucun équilibre définitif n'assouvira jamais la détente… »*

L'entre-deux, cet intervalle, qui Dieu merci ne sera jamais comblé entre le praticien et le patient, et d'où naîtrait cette « tension active » est en soi une valeur refuge quasi sacrée, qu'il convient à tous égards de préserver. Elle témoigne du respect dû à autrui. La tentation chez les praticiens est grande de faire taire absolument les symptômes ou la plainte du patient. A ce jeu-là, la valeur refuge imposée par l'entre-deux peut être transgressée.

Cela nous le refusons.

La main sur autrui dépasse toujours la technicité thérapeutique en tant que telle. Elle réveille de la profondeur des êtres, une fluidité mystérieuse dont la circulation folle ne saurait se solidifier en un espace quelconque.

Entre les êtres, les choses ne peuvent se conjuguer qu'au relatif.

De l'un à l'autre se répondent l'attrait, la répulsion, l'ambiguïté, l'empathie, l'antipathie…

Tout n'est que mobilité, fugacité, relativité de l'instant. Bref, cette relation s'établit sous le signe d'une aventure et peut-être faudrait-il alors comprendre que la violence du comblement de l'intervalle ne fait que s'insurger contre l'odieuse tension active consubstantielle à la dialectique palpatoire dont aucun mot ne peut traduire le climat.

En cela cette dernière ressemblerait à la musique, dans la mesure où le langage ne peut la suivre, selon les mots de Jankélévitch :

« Dans ses métamorphoses et ses modulations, son passage incessant d'une humeur à l'autre, de la tristesse à l'espoir, de la tendresse à la violence. »

Ainsi, le respect de la « tension active », synonyme de lucidité et de tolérance, permettrait que se réalisent toutes les espérances.

Que se dit-il en effet à travers cette dialectique palpatoire ?

Avant toute chose, il faut que ce soit dit et redit :

Cette dialectique palpatoire en appelle à un contour éthique préalable. Elle ne saurait être anodine, coupée de tout lien avec la transcendance. Reste à savoir ce qu'il faut en attendre, et ce qu'elle peut permet.

Seule l'approche phénoménologique peut nous servir de guide.

Décryptons :

Dans le silence de la palpation, l'autre en effet existe sous ma main en des modulations infinies. En un balbutiement inaudible, il peut s'abandonner ou au contraire se montrer hostile sans raison véritable. Et même si le patient crie son mal-être à travers son corps, ce même corps ne dit rien pour autant de construit, de tangible. Il ne laisse entrevoir que son exister dans le pathétique de sa solitude. La parole n'y change rien. Peut-être favoriserait-elle tout de même la relation d'une conscience à autre conscience, alors que la dialectique palpatoire aménageant un espace où les partenaires, à l'instar des musiciens définis par Vladimir Jankélévitch « *n'ont rien à dire* », se contenterait d'appréhender l'exister brut, archaïque.

Telles sont en tout cas sa force et son essentialité. C'est que la relation manuelle ostéopathique, prolongée par la dialectique des épidermes, prend la parole de vitesse. Avec elle le discours devient caduc. Entre les êtres solitaires se joue une musicalité inconnue et reconnue, en deçà du langage parlé et structuré. La dialectique serait en perpétuel apprentissage. Elle participerait d'un retour à l'identique, d'une sincérité générée de la chaleur des peaux nues, baignant dans un climat virginal.

Coupée de la structure du langage parlé et par conséquent de ses formulations inadéquates, trompeuses, elle ferait renaître par le biais de la relation charnelle, sensuelle, une pseudo langue originelle, une réminiscence nostalgique, confuse.

En deçà de la parole, dans le recueillement du voyage, il se pourrait qu'elle fût plus parlante quelquefois que le langage le plus sophistiqué.

Le rapprochement des corps ouvre parfois une brèche à travers l'épaisseur de la solitude incommensurable de chacun.

La fluidité du geste du praticien en vibration avec les rythmes biologiques les emmène en voyage sur les rives violettes d'un lac de montagne ou sur la mer vert-orangé des Caraïbes.

Sans logique véritable, les êtres se reconnaissent. Presque malgré eux, ils s'acceptent dans l'instantanéité du contact palpatoire.

L'entre-deux s'estompe… Puis réapparaît alors qu'on ne l'attendait plus. Le corps soudain s'éveille à une attente, un désir lointain, une tension rieuse, mais il s'en défend en un abandon réticent, une retenue timide.

Entre l'un et l'autre, s'engendre du temps nouveau, s'esquisse un avenir fragile, sous le signe parfois, d'une respiration frémissante.

Silence. On ne sait plus.

Comment faire la part des choses entre ce qui est perçu et ce qui est projeté ?

Où est le réel ? Le voyage est-il commun ou contigu ?

Et après tout quelle importance. Au cœur du mystère, la poésie se déploie en un espace familier… Elle seule peut dire…

« Le soleil pâle annonce déjà l'évanescence de l'aube. L'enfance s'y réchauffe à l'infini.

Tout commence.

Tout fini.

Tout recommence.

Le voyage n'est jamais achevé.

Sur la mer, voguent des corps qui ne sombreront pas. Leur secret est indicible, inavouable, mais intègre. En leur charnelle complicité, l'un et l'autre créent du temps, inventent une musique au son de laquelle, ils bercent ensemble leurs corps fatigués, quelquefois exsangues, mais jamais vieux. Le vent pousse les vagues à l'intérieur d'eux-mêmes.

Ils sont marins.

Dans le silence nostalgique, ils s'attrapent comme des enfants tendres et rebelles à la récréation. Drôle est la contingence. Ils ne savaient rien de tout cela. »

La dialectique palpatoire peut parfois aggraver les solitudes au point de les rendre presque ennemies.

Il suffit d'un rien. D'un regard, d'un geste, d'un parfum…

Mais quelquefois, seules les peaux se déplaisent.

D'où provient cette tension indéfinissable, cette épine irritative que nous pouvons ressentir au toucher ?

Tout cela est difficile à dire, d'autant que le climat inhérent à la rencontre est par essence changeant. Si la temporalité est irréversible, la relation qui se tisse entre l'un et l'autre, elle, est réversible. Tout peut arriver dans le même temps. Un être peut ne pas nous plaire. Sa peau nous heurte, mais nous ne voulons pas y croire. Nous repoussons le malaise dans l'attente d'une réversibilité qui ne s'annonce pas toujours. Cette hostilité première inexplicable et injuste, nous la refusons et pourtant nous succombons à son emprise.

Le trop plein de l'être de l'autre à travers son corps nous fait violence. Il vient envahir notre quiétude. Il se fait pesant. Insupportable. Et nous savons qu'il n'y a rien à faire. L'éthique nous retient, la sociabilité aussi.

Mais l'autre m'indispose parce que littéralement le contact de son corps me fatigue.

« Le voyage tourne mal.

La pluie est froide, pénétrante.

Le ciel ne ressemble à rien. Il est néant.

Pourtant au loin, on entend un oiseau chanter.

On l'entend, on ne le voit guère.

De la chaleur moite des corps-chagrin naît une obscure langueur

L'être-temps souffre... »

La rencontre palpatoire participe d'un pseudo savoir archaïque autorisant à inverser l'ordre des choses : le Toucher pourrait être prééminent dans la connaissance de l'autre alors que l'on s'accorde d'ordinaire à privilégier la parole.

Les corps à travers leur sémiologie sensible parlent et se parlent, tout en aménageant une relation inachevée. Certes, la parole au sein de cette dernière ne saurait être exclue.

Que vaudrait une relation thérapeutique d'où serait exclu l'usage de la parole ?

Comme l'affirme Marc-Alain Ouaknin :

« L'autre, c'est un visage, son corps, sa parole. Mais c'est son dire qui est essentiel. »

En vérité, toute la difficulté de l'Art ostéopathique provient de ce qu'il s'aventure en un espace hybride compris entre le voir (le toucher) et le dire verbal, espace au sein duquel se déploie la plainte comme une interposition, en quelque sorte matérialisée entre le corps et le dire.

Nous n'avons pas assez de temps pour développer cette notion. Disons qu'elle existe avec tout le poids de sa révolte liée à l'irrémissibilité de l'être.

Pour l'heure, revenons à notre exploration de la dialectique palpatoire.

Main nue contre peau nue. Evènement !

Ce que l'on sait, c'est qu'en enserrant le corps sous l'implacable griffe de ses tentacules musculaires, l'être souffrant se condamne au silence. Il se met en retrait de son histoire parce que sa « parole ne vole plus au delà de l'être » (Lévinas)

Ce que l'on sait, c'est que la main peut beaucoup pour qu'une parole puisse éclore et quitter la prison du corps du patient...

Aussi, cette parole ne naîtrait pas d'un acte intentionnel.

Pour qu'une parole puisse se faire entendre, encore faut-il que du spontané, de l'inattendu, du radicalement nouveau viennent bousculer le train de l'être. Il faut aussi de l'innocence et pourquoi pas, un grain de fantaisie qui désoriente, voire perturbe les jeux normatifs sensoriels.

Car enfin, on remarque que le patient ne voit rien du geste qui est entrepris sur lui et pour lui.

Sa vue se transpose en une écoute très particulière qui se fait parole « entendue » à travers un geste.

Qu'y-a-t-il alors de plus étrange que cette parole-geste ou ce geste-parole qui se donnerait à entendre à partir d'un prise invisible ?

Ce n'est pas tout. Contrairement à ce qu'i est convenu d'admettre, le langage-geste émis par le praticien, quand bien même serait-il sensible, subtil et chargé d'amour, ne dirait encore rien de construit, de formulé. Ce langage là, tout comme la langue musicale ne « parle pas. »

Comme l'écrivait en effet Vladimir Jankélévitch :

« Les musiciens n'ont rien à dire… La musique n'exprime rien, mais après coup, elle aura exprimé quelque chose sans l'avoir voulu, en toute innocence elle chante à côté ; elle nous entraîne dans le vague d'un ailleurs à un autre ailleurs vers ce qui est toujours autre et autrement et il est difficile de la prendre en flagrant délit d'exactitude littérale. »

Ce commentaire de l'auteur de « Quelque part dans l'inachevé » ne fait-il pas corps avec notre hypothèse ?

La corde du violon ne se fait voix humaine que dans le réceptacle d'une oreille qui veut bien l'entendre. En vérité, qu'est-ce qui vibre, l'instrument ou le mélomane ?

Aussi le geste du praticien ne serait pas aussi parlant qu'on le suppose. C'est bien davantage le patient qui se parlerait à lui-même, qui incorporerait en lui une parole, une parole qui s'annoncerait dans un geste, entendue lointainement dans le velouté d'un effleurage réparateur.

Mais il ne s'agit pas ici d'ajouter une parole à l'être, ce qui ne ferait qu'épaissir un peu plus la croûte stratifiée de son « inconscient structuré comme un langage » (Lacan), mais bien au contraire de faire en sorte que cette parole si étrange, lui enjoigne de quitter sa position de fixité et de certitude.

La parole qui se fait corps dans le geste, qui émerge de la pression de la main, se veut ainsi une parole conflictuelle dans toute l'acception du terme, puisqu'elle accuserait le conflit de l'être.

Au bout des doigts du praticien, elle susciterait chez le sujet un indéfinissable étonnement, une inquiétude diffuse, et dans le même temps éveillerait en lui une suave chaleur. Cette parole-là ne s'apparenterait à aucun espace familier. Elle conduirait l'être aux frontières ultimes du langage, aux limites de l'étrangeté radicale, cet espace de poésie pure où la parole ne se dit plus par des mots, mais en images nocturnes, diaphanes, fuyantes.

La parole-geste parle une langue ineffable comme la poésie dont elle est fille.

La parole-geste est toute attente, une attente de tout et de rien.

En elle vivrait le désir à l'origine de la vibration de l'être.

Elle surprendrait l'être en flagrant délit d'existence.

Tel est le cœur de la problématique.

D'où cette parole-geste se fait-elle entendre ?

On ne peut rien en dire vraiment.

Certes, on sait que les fonctions sensorielles agissent, encore qu'elles obéissent ici à des lois anarchiques, mais peut-on pour autant en conclure que la parole-geste glisse sur la structure langagière de l'être sans la déflorer ?

La parole-geste ne possède ni lieu fixe, ni espace d'accueil où elle se donnerait à entendre, afin d'arracher l'être à lui-même.

Anticipant le plus souvent un désir de désir, elle servirait d'éclaireur au temps.

Frémissant à l'interstice de l'être-corps et du langage et authentiquement nomade, elle voyagerait sans cesse au sein de cet espace hybride.

La parole-geste ne saurait s'arrêter à une définition d'ordre technique, thérapeutique ou clinique.

Non, notre projet s'attache bien davantage à une approche phénoménologique, autrement dit un descriptif, seulement un descriptif, sans que l'on puisse atteindre le « noumène » (Kant), l'intériorité de la chose en elle-même.

Notre projet s'attache à privilégier l'exploration de l'ombre, de l'informulable, en supposant que là se tient l'être en son authenticité. Trop de clarté nuit. C'est pourquoi nous nous détournons des descriptifs technologiques classiques qui nous paraissent trop respectueux d'une trop belle logique, afin de justifier les prérogatives de l'art qu'ils défendent et dont ils revendiquent l'efficacité, tant auprès des patients, que des étudiants, ou de la société en général.

La parole-geste est fondamentalement rebelle à toute tentative d'appréhension. Elle ne s'apparente à rien de tangible. Pure évanescence, elle est strictement inimitable.

Une impulsion. Un souffle. Un presque rien, mais ce dépouillement n'est pas une fin. A partir de rien, tout est possible. Le rien appelle l'événement. Et subrepticement, la parole-geste peut beaucoup.

En une révolution tranquille, dans le silence le plus accompli, l'air de rien, il se pourrait qu'elle aidât le sujet à se dé-passer.

Plus qu'un savoir faire, il s'agirait d'un acte de vie.

La parole-geste permettrait le passage d'un état à un autre, où le sujet enfanterait du temps, de l'exister.

Passage de l'immanence à la transcendance.

Et cette révolution ne serait pas aussi anodine qu'on pourrait le croire. Elle ne peut naître en effet que d'une déchirure dont la main, éveilleuse de la parole en l'être, porterait le témoignage secret et sensible.

D'un côté, la parole-geste cherche à se fondre dans l'être. Fidèle à sa règle du non-agir, elle épouse les rythmes biologiques, apprivoise délicatement les tensions, facilite le libre jeu des liquides et des membranes.

D'un autre côté, elle entraîne, et ce presque malgré elle, l'être à rompre avec son train d'être. Elle le pénètre de son étrangeté. Le bouleverse. Le mue jusqu'à une fluidité jusqu'alors inconnue de lui.

Entre les deux flotte le mystère d'un changement.

Que s'est-il donc passé ? Le saurons-nous jamais ?

Dans un cas, la parole-geste s'est faite le témoin charnel de l'être.

Elle l'a entendue vivre, souffrir, jouir, et même chanter à travers ses bruits du corps.

Nous serions ici dans l'espace du même au même.

Et ce premier temps familier, s'il en est, on peut dire qu'il s'apparenterait déjà au donné. Il n'enfante rien. La vison n'y change rien. La lumière n'éclaire pas.

Levinas le dit superbement :

« La lumière est ce par quoi quelque chose est autre que moi mais déjà comme s'il sortait de moi. L'objet éclairé est à la fois quelque chose que l'on rencontre mais du fait même qu'il est éclairé, on le rencontre comme s'il sortait de nous. Il n'a pas d'étrangeté foncière. Sa transcendance est enrobée dans l'immanence. C'est avec moi-même que je me retrouve dans

la connaissance et la jouissance. L'extériorité de la lumière ne suffit pas à la libération du moi captif de soi. »

Dans l'autre cas, la parole-geste se fait passeur. C'est le moment magique. Il y a passage du même à l'autre.

La main, en sa toute présence, tiède, enveloppante, mais aussi exotique, l'annonçait déjà.

Dans le silence de la rencontre, elle opérerait en effet un véritable détournement de sens. Elle deviendrait plus qu'une simple main.

Par transposition symbolique, elle matérialiserait en somme, une authentique et légitime présence humaine. Elle se ferait à la fois vision et écoute. Et par son intensité la parole-geste précipiterait la dynamique du passage en imposant naturellement que l'Autre, par l'intermédiaire des résonnances symboliques manuelles, se fasse entendre.

Ainsi la parole-geste favoriserait-elle l'extase… (au sens latin de sortir de soi)

La main en son action impudique, engagerait tout l'homme.

Responsabilité inouïe.

En son détournement virtuel, elle ouvrirait à la transcendance.

Il s'agirait là du paroxysme du conflit. L'instant où se creuse l'intervalle. La main accentuerait la déchirure. Tout comme l'analyse, elle favoriserait la dé-construction du sens, mais cette fois en fluidifiant la cuirasse.

Marc-Alain Ouaknin encore :

« L'analyse est d'abord une déconstruction du sens. La parole de séance (nous pouvons ajouter la parole-geste) n'est pas faite pour mettre au jour des significations mais pour y introduire un trou (en Hébreu Hor) qui est aussi l'espace (Révah) et le souffle (Rouah). »

Le souffle induit par la parole-geste hâterait l'émergence d'un temps nouveau dans l'être. Un temps de réintégration pourrait on dire. Un temps enfin subjectif où une parole étrange, une parole de réminiscence lointaine serait rendue à l'être, afin que :

« Le sujet puisse se réinstaller à sa place, cette place où il n'était plus, remplacé par cette parole anonyme qu'on nomme le ça. » (Freud)

Par l'action de la parole-geste, l'être se laisserait à être lui-même.

A l'instar du « Grand Parler » transmis de génération par les Indiens Guarani, la main résonnerait d'un secret indicible, celui d'un langage ancestral, humain, quelque peu en avance sur le temps de l'être, afin que le sujet advienne toujours au présent tout en étant fidèle à son passé, au mieux de sa virilité, autrement dit de sa liberté.

La parole-geste ne saurait, en ce sens supporter l'analogie avec « le sujet supposé savoir. »

Elle posséderait quelque chose de plus.

Une touche humaine, fraternelle, complice, offerte par la main elle-même.

Le souffle né de la parole-geste relève d'un don, d'un appel humain pour l'humain.

Elle permettrait que s'introduisit, que s'enfantât en l'être, un espace d'espérance à partir duquel tout redeviendrait possible.

Surtout le refus de mourir…

RÉFLEXIONS AUTOUR D'UN CAS CLINIQUE.

(UNIVERSITÉ RENÉ-DESCARTES PARIS V, SOUTENANCE DU DIPLÔME UNIVERSITAIRE ET FORMATION CLINIQUE EN PSYCHOSOMATIQUE)

Le 13 mai 2004, je recevais un appel de Madame M… me priant de donner un rendez-vous de toute urgence à son mari, qui disait-elle : « *souffrait atrocement du dos et avait même des difficultés à se tenir debout.* »

Il s'avère que Monsieur M… n'était pas un inconnu pour moi. J'avais déjà eu l'occasion de le traiter à deux ou trois reprises pour des lombalgies, mais cela faisait plus d'un an que je n'avais plus aucune nouvelle de lui.

48 heures après l'appel de sa femme, Monsieur se retrouvait à donc à mon cabinet.

Se levant péniblement du fauteuil de la salle d'attente, l'homme présentait une attitude antalgique prononcée.

Tout le haut de son corps semblait projeté vers l'avant, comme si le patient se trouvait dans l'impossibilité de se tenir en position verticale. L'ensemble de sa posture était accompagné d'un rictus évident inscrit sur son visage, reflétant, à n'en pas douter, l'expression d'une douleur bien réelle.

A pas lents, l'homme traversa la salle d'attente, puis s'assit lentement avec moult difficultés dans le fauteuil qui faisait face à mon bureau.

Que vous arrive t-il ? Lui demandais-je aussitôt.

« Voilà, c'est simple », me répondit Monsieur M *: « il y a plus de quinze jours, j'ai senti que le bas de mon dos commençait à me faire mal… Au début, cela ne m'a pas inquiété. Surtout que depuis nous nous étions vu, il y a plus d'un an ou un an et demi, je crois, je n'avais absolument plus rien ressenti. Alors, au début je ne me suis pas affolé… Et puis les douleurs ont augmenté peu à peu. Alors, j'ai cherché à vous joindre, mais à ce moment-là, vous étiez absent. On m'a alors conseillé de joindre un certain Dr J… qui a pu me prendre pratiquement tout de suite. Mais alors là, je ne sais ce qui s'est passé, mais après sa consultation, ça a été pire qu'avant.*

Deux jours après la séance, j'avais encore plus mal. J'ai donc rappelé ce monsieur pour revenir le voir. C'est ce que j'ai fait »

Oui. Et que vous a t-il dit ? Demandais-je, à Monsieur M

« Oh ! Il m'a dit qu'il m'avait remis en place la 4ième ou la 5ième lombaire la première fois. Qu'il pensait que ça irait bien comme ça. Mais qu'en me voyant, il trouvait que j'étais encore déplacé.

Alors il m'a manipulé à nouveau, avec une certaine force. Ce qui n'était pas je l'avoue, très agréable... Je me suis relevé de la table, j'avais toujours aussi mal. Alors, il m'a prié de me rallonger et il m'a manipulé encore une fois, mais cette fois du côté opposé à ce qu'il venait de me faire. Le tout a duré quelques minutes.

Je suis ressorti de chez lui, pas bien du tout. Et voyant que cela ne se passait pas, je n'avais qu'une idée, c'était de vous voir.

Je vous remercie d'avoir pu me prendre, car j'avoue j'ai même du mal à dormir. Je ne trouve aucune position, où je ne ressens pas mon dos. »

Dans les quelques jours qui ont précédés cette lombalgie, avez-vous le souvenir d'avoir fait des efforts particuliers ou d'avoir effectué des mouvements ou une posture pouvant expliquer cette brusque apparition de vos douleurs, qui vous avaient, si j'ai bien compris laissées tranquilles depuis plus d'un an, comme le montre du reste la fiche qui vous concerne ? Demandais-je alors à Monsieur M, lequel s'empressa de me répondre que :

« Non, il avait beau chercher, il ne voyait pas. Il n'avait fait aucun geste, ni aucun effort particulier susceptible d'entraîner ce mal de dos. Qu'au contraire, avant que cela ne lui arrive... Tout se passait bien... C'était même comme si son dos n'avait existé ! Alors qu'à l'époque où il était venu me voir, ses douleurs l'empêchaient de se donner à fond dans le sport... »

A ce point de la consultation, il importe de préciser que la réponse apportée par Monsieur M. revêtait une importance capitale. En effet, ce que nous apprenait ce patient, c'est que ses douleurs lombaires n'étaient aucunement liées à une notion d'effort ou de traumatisme quelconque.

D'autre part, le dossier du patient en témoignait. Il ne présentait aucun antécédent de lombo sciatique, ni de lombalgie hyper aigüe engendrée par une éventuelle souffrance discale, puisque des radios, prescrites par son médecin généraliste, à l'époque où il était venu me consulter, ne présentaient aucuns signes patents de sa colonne lombaire, (y compris cliniques), laissant entendre qu'il fallait prolonger l'exploration par un IRM ou un scanner.

Son mal de dos récent avait donc éclaté sournoisement, sans crier gare, sans véritable explication « physique ».

Il avait éclaté comme cela de façon spontanée, sans qu'il ait subi le moindre traumatisme ou le moindre effort.

Quant à « la vertèbre déplacée » avancée en guise d'explication par le praticien précédent, il convient de préciser qu'elle relève de la mythologie ou du moins, peut-être de notre besoin fondamental de sens, face à tout ce qui fait obstacle à notre persévérance à être.

La vertèbre déplacée, c'est l'aubaine, le sens tout trouvé. Le dos ferait mal parce qu'une vertèbre n'est plus en place. Elle serait en quelque sorte sortie de son axe.

Dans le cas d'un accident grave, on peut observer ces cas de déplacements dont il est question, mais en dehors de cela, une vertèbre ne saurait se déplacer. Et ce ne sont certainement pas les gestes de la vie courante, qui potentiellement sont à l'origine de ces fameux déplacements… Tout juste peut-on observer que les vertèbres peuvent « se fixer », en particulier, comme c'est le cas le plus classique, au niveau de leurs facettes articulaires.

S'agissant de Monsieur M, à l'évidence, il ne s'était pas « déplacé » une vertèbre. Cela dit, la lombalgie aiguë dont il souffrait ne relevait pas d'une vue de l'esprit. Ses difficultés à changer de position et son attitude antalgique en témoignaient éloquemment.

L'homme était visiblement « handicapé » par toute une zone infiniment douloureuse au bas de son dos, qui ne l'avait pas quitté depuis plusieurs jours.

Monsieur M, âgé de 44 ans, exerce la profession d'expert-comptable, commissaire aux comptes. Il est marié, père de deux enfants, une fille âgée de 13 ans et un garçon de 10 ans.

Ses antécédents médicaux ne font mention d'aucun problème particulier de santé. Pas de maladie connue importante. Pas d'intervention chirurgicale. Un bon suivi avec son généraliste.

Le patient ne pratique aucun sport régulier. Un peu de vélo et de la natation durant les vacances. En dehors de cela, il s'adonne à la marche dès qu'il en a l'occasion, surtout lorsqu'il peut profiter de la campagne en famille en cours d'année.

Avant d'examiner Monsieur M, je reviens à l'objet de sa plainte en tentant d'approfondir de quelle façon elle irradie, où elle se localise précisément et si d'autre part elle se trouve augmentée dans certaines positions. Puis je prolonge mes questions habituelles (comment, quand, où,) par une recherche de douleurs associées, voire ce qui le soulage, ou au contraire exacerbe sa douleur, ou encore l'inquiète, etc…

Au delà de la focalisation sur son algie lombaire, j'interroge le patient sur sa santé actuelle. Je reviens avec son aide sur tout ce qui de près ou de loin pourrait le préoccuper, sans toutefois obtenir de sa part de réponse circonstanciée.

Hormis cette anamnèse nécessaire afin de cerner au mieux la plainte du patient, je m'attarde volontiers sur ce qu'il laisse éventuellement percevoir de son état psycho-émotionnel, aussi bien par l'observation de sa posture somatique, sa manière d'être que par sa façon de s'exprimer. La forme et le contenu de son discours ne manquent pas de retenir mon attention.

Le patient se « raconte » t-il de façon fluide ou bien de façon hachée par une succession de bribes. Nous savons que ce temps de l'entretien lors de la consultation permet lorsque cela est possible, de prendre la mesure du fonctionnement préconscient du sujet, en étant attentif à ses notions d'épaisseur, de fluidité et de permanence.

Notions chères à Pierre Marty, lequel a défini le préconscient comme : *« la plaque tournante de l'économie psychosomatique. »*

L'appréhension de la vie préconsciente du sujet est ce moment capital qui permet en effet de « pointer » des situations à caractère traumatique vécues antérieurement, faisant encore trace dans le psychisme. Mais ce peuvent être aussi des situations vécues de fraiches dates, apparemment dénuées d'importance, dépassant toutefois, à son insu, les possibilités d'adaptation du sujet.

Quand ce dernier n'est pas apte à traiter au moyen de la « *mentalisation* » les contradictions ou les conflits qui pèsent sur lui, on a de fortes chances, nous disent les psychosomaticiens de « voir s'échouer l'excès d'excitabilité au niveau du soma. » (Pierre Marty)

Face à la problématique posée par la plainte, il convient de ne rien brusquer. Pierre Marty encore :

« Le praticien doit se laisser mener pendant un temps aux rythmes de l'autre, aux rythmes que l'autre adopte et module selon les contenus de son discours… Les actions et réactions du patient lui apprennent progressivement ainsi la meilleure façon d'intervenir ou de se taire. »

Bien d'autres éléments sont à considérer, notamment la qualité de la relation qui s'établit entre le soignant et le soigné.

Trop franche ou agressive, elle laisse percevoir une absence de défense névrotique ou au contraire l'occultation, voire le déni de conflits sous-jacents.

Enfin, une notion à ne pas perdre de vue correspond à la place occupée par « ce qui fait problème » chez le patient, lequel peut tout aussi bien faire montre d'une véritable dénégation face à ce qui le taraude, ou au contraire sembler l'investir et le cultiver jusqu'à en tirer un véritable « bénéfice ».

Tous les cas de figure peuvent se rencontrer, tout en sachant qu'en matière d'investigation clinique, seules prévalent les règles de prudence et du refus de tout jugement hâtif et définitif. Nous ne sommes que dans de l'hypothétique, autrement dit un espace délicat, où le subjectif joue un rôle de premier plan, quand bien même le narcissisme et « l'expérience » du praticien tenterait d'imposer sa loi.

Chaque plainte prolongée par la voix ou le langage corporel du patient s'avère une énigme et à ce titre participe d'un événement unique, un « hapax », comme aimait à le souligner Vladimir Jankélévitch.

C'est dire toute la difficulté de « l'exploration » en matière thérapeutique. Quiconque est honnête intellectuellement ne l'ignore pas. Connaissance et expérience sont peu de choses en regard du poids de l'énigme. Aucune plainte n'est semblable. Aucune situation n'est identique à une autre.

Dans l'absolu, aucun être ne présente le même vécu, la même histoire, les mêmes désirs, les mêmes fantasmes, les mêmes souffrances et les mêmes attentes.

Chaque consultation, quand bien même serait-elle réitérée à l'infini, participe à chaque fois d'un espace virginal.

Pour revenir à Monsieur M, ce que je peux observer, c'est qu'il est plutôt ouvert, et même bon enfant, avec ce que cela suppose de mansuétude, de propension à me regarder droit dans les yeux. Son visage est traversé de temps à autre par un fort rictus douloureux dès qu'il tente de se repositionner sur son siège.

Mais quand il trouve enfin une accalmie passagère, il me décroche facilement un sourire complice, comme s'il s'amusait de se voir dans cet « état »…

L'homme est soigné, vêtu avec élégance. Sa veste printanière assez ample dissimule quelque peu une surcharge pondérale déjà bien installée.

Je le laisse une fois de plus revenir sur la description de son mal, puis dans le prolongement de ce qu'il évoque, avec facilité, voire avec aisance, sans que je note de surinvestissement particulier entourant sa plainte, j'oriente très naturellement et à pas feutrés, l'entretien sur le terrain de sa vie personnelle.

Comment se passe son travail ? Est-il surchargé actuellement ou l'aurait-il été récemment ? Se souviendrait-il par hasard d'avoir éprouvé des difficultés ou rencontrés des soucis quelconques ces dernières semaines ?

Voilà autant de questions simples que j'adressais à ce patient, lequel après un temps de silence, traduisant le fait qu'il cherchait, commença par m'affirmer :

« Qu'il ne voyait pas vraiment… Que certes il avait dû travailler dur ces dernières semaines, jusqu'à veiller tard le soir, parce qu'il avait eu en charge de supporter trois contrôles fiscaux pour différents clients, mais que cette surcharge de travail était derrière lui… Et qu'il s'en trouvait bien content. »

Monsieur M venait à peine de me déclarer que cette épreuve n'était terminée que depuis quelques jours, lorsqu'il ajouta :

« Que c'était bien les derniers contrôles officiels auxquels il avait participé comme commissaire aux comptes, parce sa décision était prise : Il allait quitter cette profession pour se lancer dans des « affaires » avec son beau-frère. Des affaires d'import-export avec le continent asiatique. Ce qui fait que ce genre d'activités était incompatible avec le Conseil de l'Ordre des experts comptables, qui interdisait à ses membres d'exercer une autre activité. ».

La révélation de Monsieur M, au sujet de sa décision livrait d'un seul coup un « matériel » non négligeable…

Sur le ton le plus empathique, je me souviens lui avoir demandé alors si cette décision avait été prise le cœur léger ou si au contraire, elle avait été quelque peu pénible.

Je pensais bien évidemment au fait que ce changement d'ordre professionnel pouvait en tout état de cause, être à l'origine d'une certaine perte de la gratification sociale.

Perdre son statut de commissaire aux comptes, avec ce que tout cela comporte de considération dans l'échelle sociale, me semblait probablement relever d'une atteinte narcissique, même si dans le cas de Monsieur M, ce changement était volontaire et mûrement réfléchi… Certes l'attente de ce patient reposait sur la perspective d'augmenter son confort financier, bref de gagner beaucoup d'argent (sic), mais c'était au prix d'une sorte de reniement de son statut identitaire, dont on sait qu'il compte parmi les plus en vue de la palette sociale.

Monsieur M me confia :

« Que cette décision en effet n'avait pas été aisée à prendre... Mais qu'une fois prise, il lui fallait aller jusqu'au bout désormais de son aventure... »

En entendant sa dernière remarque, je n'ai pu m'empêcher de penser qu'il semblait ainsi, être devenu malgré lui l'otage de cette décision... Un peu comme si cette dernière une fois prise, il lui fallait faire preuve de sa fermeté, de son intransigeance même, à ne plus revenir en arrière.

Ce patient, semble t-il se débattait en plein conflit. Et même si le contenu de sa verbalisation n'avait fait qu'effleurer le nœud du problème en quelques mots fugaces, il s'avère que sa résolution, dont il était en fin de compte devenu le prisonnier avait engendré chez lui – du moins c'est comme cela que je l'entendais -, un certain conflit, dans la mesure où c'était calé une fois pour toute, il n'avait pas à revenir dessus.

Installé dans sa fixité, en rapport avec sa posture décisionnaire (avec injonction de ne plus y penser puisque le problème était définitivement réglé) Monsieur M, en vérité n'avait pas épuisé la somme de questions (sans qu'elle parviennent à sa conscience) qui continuait à l'assaillir à bas bruits, dès lors qu'il fallait changer de registre professionnel, voire de changer de vie.

Cette mise à l'écart délibérée n'en résonnait que plus fortement encore.

Il va de soi, que je me gardais bien de faire le moindre commentaire au patient sur ce thème.

J'orientais alors notre entretien sur la famille et particulier ses enfants, en lui demandant s'il lui donnaient satisfaction quant au déroulement de leurs études...

« Oui, ça va dans l'ensemble » me répondit-il aussitôt, avant d'ajouter :

« Mais ma fille Maud a bien travaillé jusqu'à l'année dernière. Et puis d'un seul coup, sa moyenne a baissé… Je ne sais si c'est l'âge, les copains, copines, ou encore une tension avec les profs. En tout cas, cela ça va beaucoup moins bien maintenant. Il faut en plus que l'on se batte avec elle pour qu'elle fasse de vrais repas. Elle est à la limite de l'anorexie… Elle chipote, et plus on lui fait remarquer, plus elle persiste. Cela lui vaut de bonnes séances d'engueulade surtout avec sa mère, qui bien sûr est déçue lorsqu'elle se donne du mal pour préparer des choses… On ne comprends pas ce qui lui arrive. Toute petite, elle ne nous a jamais fait d'histoire (sic)

On dirait que plus ça va, plus elle change, mais pas dans le bon sens. »

Et votre femme, qu'est-ce qu'elle en dit ? me hasardais-je à lui demander.

« Oh ! Ma femme, elle fait tout ce qu'elle peut, mais elle perd souvent patience, parce qu'en plus, il y a le petit à s'occuper, qui lui heureusement travaille bien. Il est très gentil, très affectueux, mais par moment sa sœur a une mauvaise influence sur lui. Il devient alors capricieux et un peu tête de mule, comme s'il voulait faire comme sa sœur.

Je vous assure, tout cela n'a l'air de rien, mais quand on rentre le soir et qu'on vous dresse une autre sorte de bilan, ça vous prend la tête… Ma femme elle, a moins de patience. Il faut dire qu'elle travaille dans une maison d'édition où les horaires sont plus qu'élastiques. Ce n'est pas un boulot facile. Elle en a quelque fois assez. Mais comme la plupart des femmes aujourd'hui, elle a toujours voulu travailler.

Pour mon projet avec mon frère, elle devrait nous rejoindre. »

Sur ces mots, j'invitais le patient à se déshabiller pour l'examiner et le traiter.

L'ensemble de ses muscles était tendu. Sa peau moite. Après un examen en position debout, il passa à grand-peine sur le dos. Ses membres inférieurs marquaient une légère posture en flexion indiquant une énorme contracture du muscle psoas, comme le montrait par ailleurs sa position verticale fléchie vers l'avant, probablement à l'origine de sa lombalgie avec retentissement fonctionnel.

A l'examen, le patient présentait une hyper-réflexie, reflétant une forte spasticité de l'ensemble de son enveloppe musculaire consubstantielle de fortes tensions anxiogènes.

A l'évidence, trop d'influx à entrées multiples avaient, comme on le rencontre classiquement, engendré une véritable rétraction du muscle psoas, dont on sait qu'il a un rôle de maintien et de moteur.

Cette rétraction, au plan métaphorique avait entraîné une sorte de grippage interne, une boiterie de l'intérieur du corps, (référence à mon ouvrage : « le cri du psoas ou le reflet de l'humain », publié chez AJ Presse), comme s'il s'agissait pour Monsieur M, de mettre un frein à la poursuite de sa marche.

Au delà des mots ineffables, le corps, en son étrangeté supplée parfois à la parole. La rétraction musculaire, dont on connaît la perméabilité aux influx autonomes, en témoigne éloquemment.

Elle traduit le trouble par la voie des fibres musculaires raccourcies, à l'origine de la douleur, qui par là même exprime le reflet d'un mal être, voire une révolte muette, face à ce qui ne se maitrise pas.

Monsieur M, témoignait dans les fibres de son corps, en particulier de son muscle psoas, d'un temps arrêté ou d'une crise de l'être.

En ce cas trahi par son propre corps, l'être, c'est connu, se voit acculé à sa douleur et rien d'autre.

Il n'est plus qu'un dos ou qu'un cou.

Au silence des organes qui caractérise l'équilibre physiologique succède une source irritative bruyante, la conscience ne trouvant plus aucun repos.

Nous ne nous attarderons pas sur les phénomènes biochimiques qui conduisent au mécanisme de la contraction musculaire. Disons qu'ils sont complexes, et ce que nous devons retenir pour notre propos, c'est que si les stimuli à l'origine de la contraction ne respectent pas un temps de latence suffisant pour que les muscles reviennent à leur phase de repos réparatrice, il s'ensuit une rétraction des myofibrilles qui engendre un tétanos physiologique parfait ou imparfait.

Autrement dit, des secousses répétitives (dans le cas de Monsieur M, une accumulation d'influx stressants) entraînent par leur contraction successive une tétanisation musculaire inéluctable. Les fibres se ramassent sur elles-mêmes. Le muscle par voie de conséquence est incapable de revenir à sa longueur initiale.

C'est l'état de spasme inhérent à tous les muscles victimes de l'agression des influx. La douleur surgit par perte de l'intégrité physiologique. C'est que la rétraction musculaire enserre le corps en lui interdisant sa liberté de mouvement.

Tout se passe sur le plan ontologique, comme si cette rétraction se retournait contre l'être lui-même.

Le présent l'agresse, le déborde. D'être infini, il devient englué d'immanence. Il n'a plus d'horizon que lui-même.

Intraitable, le présent l'a envahi en ne faisant plus de lui qu'une plainte. Le temps semble s'arrêter. Le sujet n'a plus d'histoire…

L'engloutissement dans le présent permet de s'éloigner des souffrances passées et à venir…

Il se pourrait bien que la crise de l'être, en son exacerbation d'immobilisme, ne soit rien d'autre que le fruit d'un conflit entre contrainte et liberté.

Levinas le laisse entendre superbement dans : (Le Temps et l'Autre) :

« La liberté du présent trouve une limite dans la responsabilité dont elle est la condition. C'est le paradoxe le plus profond du concept de liberté que son lien systématique avec sa propre négation. Seul l'être libre est responsable, c'est à dire non libre. Seul l'être susceptible de commencement dans le présent s'encombre de lui-même… »

Lors de ces affections, on doit prendre en compte le rôle du muscle psoas-iliaque qui est souvent prépondérant.

Dans le cas de Monsieur M, ce muscle s'était progressivement rétracté, à son insu, sous le poids de la sommation des influx.

Sa douleur, son « cri du psoas » ne témoignait-il pas d'une rupture d'harmonie, d'un mal à être indéfinissable, que le corps traduisait en figeant ce hauban musculaire, agent de sa mobilité ?

Difficile à dire de manière absolue. Nous ne sommes que dans de l'hypothétique. Le point nodal de toute rupture psychosomatique nous échappe. Il relève au mieux d'un vœu pieu. L'être est par trop complexe pour que l'on puisse se satisfaire d'une explication univoque, quant à ce qui rompt ordinairement la bonne marche de son homéostasie. Nous sommes soumis aux diverses entrées multifactorielles

Mais, comme le soulignait Charcot, ainsi que le rapporte Freud lui-même dans : *« Ma vie et la psychanalyse »* :

« Ça n'empêche pas d'exister ! »

Monsieur M et moi-même restâmes silencieux un bon moment. Je l'accompagnais du mieux que je pouvais pour qu'il se relâche.

C'est ce qui s'est passé progressivement, non sans que je lui ai déclaré que:

« Non, il ne s'était pas déplacé une vertèbre », Avant d'ajouter que :

« L'être humain était infiniment plus complexe qu'un simple assemblage mécanique... Et, surtout qu'on ne saurait en toutes circonstances, décapiter ce même être de ses affects et de ses émotions... Nous sommes, n'est-il pas vrai, une unité indissociable corps-psyché et psyché-corps », lançais-je enfin à Monsieur M, lequel me rétorqua : *« Ah, ça bien sûr ! ».*

LA CONSULTATION OSTEOPATHIQUE FACE A L'ENTITE PSYCHOSOMATIQUE.

COMMUNICATION AUPRÈS DE CONFRÈRES FORMÉS POUR LA PLUPART À L'UNIVERSITÉ RENÉ DESCARTES, PAR L'APPROCHE PSYCHOSOMATIQUE DE L'OSTÉOPATHIE. (2009)

Il s'agit ici de prendre en compte dans la démarche de soins, attentive à l'approche psychosomatique au sein de la consultation ostéopathique, en sus de l'anamnèse médicale, l'histoire passée ou récente du patient, avec une potentialité d'écoute transmise par la codification psychosomatique (Marty, Doris Vasconcellos, Paris V), dont la référence culturelle est d'inspiration Freudienne, notamment les deux topiques et les données classiques touchant à la sexualité, les stades de l'évolution humaine, les traumatismes, etc...

L'écoute verbale du patient, consubstantielle du soin, ne se coupe pas du traitement manuel tel que lui aussi est codifié dans l'enseignement ostéopathique avec ses différents courants qu'ils soient Stillien, Altman, structurel, fonctionnel, et autres...

La main du praticien formée à cette approche, investigue et traite le patient dont la plainte verbale et le soma laissent transparaître les tensions anxiogènes et émotionnelles...

Oscillation incessante entre Ecoute (verbale) et Voire-Toucher (soma) tant sur le plan diagnostique que thérapeutique.

Relation d'un humain avec un autre humain. Il ne s'agit pas d'une relation du même au même, mais d'une relation entre deux « ipse ». Cette relation suppose une asymétrie entre le « sujet supposé savoir » et le demandant de soins.

C'est précisément parce que la relation dans le cadre de l'ostéopathie psychosomatique se heurte à l'utopie (par son impossibilité de saisir l'espace « hybride », à savoir entre le corps et le dire), qu'elle se doit de relever le défi...

Nous ne savons pas grand-chose de l'articulation psychosomatique et somato-psychique, quand bien même nous savons que les deux entités sont inséparables.

Tel est bien le paradoxe.

En vérité, nous ne sommes que dans du supposé, dans de l'hypothétique face à la plainte émise par le patient.

Le point d'articulation entre psychisme et soma, faisant le lit de la plainte éventuelle, relève de l'hypothétique pur… ou de notre délire, ou bien de notre interprétation qui vaut ce qu'elle vaut.

L'important n'est pas de se faire un film sur du sens métaphorique « articulé », mais bien de constater qu'à un certain moment ça bascule sous forme d'une « épine » somatique.

Au moment où ça parle en provenance du corps ou du psychisme, au moment où ça souffre, à quelle temporalité cela renvoie t-elle ?

Est-ce le reflet d'aujourd'hui, d'hier ou même pourquoi pas de demain ?

Autrement, qu'en est-il de la juste place faite à la temporalité dans le contexte de la plainte ?

Cette question mérite que l'on s'y attarde, car ontologiquement parlant, la relation entre l'être et le temps participe d'une aventure pour le moins chaotique, à la merci d'autant de tensions et de traumatisme, mettant à mal le système limbique et neuroendocrinien, le tout bien évidemment rendu perceptible au niveau somatique.

L'une de ses conséquences peut être l'arrêt virtuel de la temporalité, laquelle engendre le déséquilibre homéostasique, et favorise la survenue de la perturbation somatique (Voir à ce sujet : « Le cri du psoas ou le reflet de l'humain »)

Une notion qui m'est chère : On ne devrait pas parler du corps, mais bien plutôt de « l'être-corps », qui s'avère au plus près de la réalité de l'unique.

Chaque consultation est évènementielle.

Elle équivaut à un événement « *Primultime* », selon le mot de Jankélévitch, qui n'arrive donc qu'une première et une dernière fois.

La relation au psychisme de l'unique et conséquemment de l'expression de son langage est aussi digne d'intérêt que la relation à l'être-corps. Même si cela relève d'un truisme, il n'est jamais inutile de l'avoir toujours présent à l'esprit.

La fluidité. Maitre mot.

La fluidité de l'entretien, la fluidité du contact et du geste favorise les chances d'une relation bonne.

Par fluidité, nous entendons, l'usage d'un dialogue ouvert, éclairé, dirigé, aussi bien en face à face, que sur la table de soins.

Une remarque : C'est souvent lorsque le patient se rhabille, puis nous quitte sur le pas de la porte, qu'il délivre une parole « *parlante »,* au sens défini par Merleau Ponty...

Il ne saurait y avoir de consultation standardisée. Chaque patient unique requiert l'entière mobilisation de nos compétences aidée de notre créativité, pour nous porter à sa rencontre et entendre sa plainte, afin de l'accompagner et le traiter au mieux selon les modalités de notre art ostéopathique.

Tout est affaire de circonstances. Rien ne doit être stéréotypé.

L'imaginaire, loin d'être une faiblesse est une arme efficace, à condition de ne pas s'éloigner de la cohérence anatomo-physio-socio-psychologique.

Il faut savoir briser la linéarité thérapeutique de routine, pour tenter d'entreprendre à chaque fois une stratégie de soins adaptée pour chaque patient. Ce n'est pas simple. Il faut oser rompre avec les habitus et la doxa ambiante, pour se recréer son propre protocole, sans pour autant s'écarter de l'enseignement de ses Maîtres. La transmission réussie n'est pas une récitation, mais un leg d'éveil à la créativité.

Il faut que cela soit dit : Tous les patients ne cherchent pas à se débarrasser de leurs symptômes. Tel est ce que l'on peut observer également en consultation ostéopathique.

Le cadre. L'atmosphère. La conduite du dialogue, selon des modulations diverses induites par le patient lui-même, tout cela compte pour qu'il trouve ses aises et fasse alliance autant que faire se peut avec nous. Attention toutefois, à ne pas se laisser aller au piège d'un certain confort...

L'examen clinique allié à la fluidité de l'entretien sur fond d'empathie réelle (et de réserve) doit être rigoureux, soigneux et opiniâtre. Tenter de comprendre pour agir. Mais aussi agir pour comprendre. Je reprend ici la formule hébraïque : « *Naasse Venissma* », soit : « *Nous ferons et nous comprendrons.* ».

Chaque praticien est seul Maître à bord. Il faut savoir couper le cordon avec papa, maman et ses Maîtres.

C'est l'ostéopathe, et lui seul, qui gère la relation, l'entretien, la façon de faire avec le patient...

A chaque fois, il s'agit d'une aventure incertaine, au sens propre du terme !

D'où l'humilité, et revenir inlassablement sur l'approfondissement de notre *« contre-transfert »*, et bien sur du *« transfert »*, en sachant que l'un ne va pas sans l'autre.

Attention à notre propre dire au sein de la consultation.

Selon Balint :

« Il ne faut pas oublier que toute interprétation – même baptisée éclaircissement, confrontation, résumé, etc. – vise à faire prendre conscience au patient d'une chose qu'il avait maintenu à distance. »

Trouver sa juste place. Ni trop loin. Ni trop intrusif. Ne pas chercher à se précipiter pour tenter d'éradiquer le symptôme...

Comprendre. Interpréter (en silence). Respecter. Investiguer. Accompagner. Traiter... *« L'éthique précède le soin »*

Douceur, mais aussi fermeté...

Un Maître mot pour qu'advienne l'inattendu-attendu dans le cadre de la consultation : *« L'effacement »*

Nous sommes en attente de la demande du patient pour ce qui concerne sa propension à verbaliser. Nos questions empreintes de pudeur ouvrent la voie dès la première prise de contact, lorsque nous sentons que cela est nécessaire à travers sa plainte…

L'investigation clinique est un art difficile, subtil, qui implique l'ostéopathe de tout son être, avec tous ses sens, son corps (qui peut être considéré comme une véritable entité thérapeutique de chair), ses mains, son intuition, sa créativité et son éthique, afin d'être mieux à même de répondre à la plainte émise par le patient.

Traiter, c'est tout entreprendre pour provoquer et engendrer dans le respect et la bienveillance à l'endroit du patient, un retour à l'homéostasie. Pour se faire, il va sans dire que la qualité de l'écoute et la perfectibilité de la gestuelle sont infinies et doivent s'adapter à chaque individu unique.

Nous faisons nôtre les propos de Vincent Jadoule s'agissant « *d'attribuer au symptôme psychosomatique un sens métaphorique et cultiver une pensée magique où tout s'explique par le psychisme* ». Halte donc aux « *extrapolations cavalières, aux interprétations sauvages qui foisonnent autour de nous et qui se réclament de la psychosomatique.* ». En ce sens nous refusons : « *Toute notion d'intentionnalité du symptôme et toute confusion de celui-ci avec le mécanisme de conversion. On peut dire que l'hystérique parle par son corps, tandis que le patient psychosomatique souffre dans son corps…* ». Halte au « *symbolique* » traduisant : « *les émotions refoulées, réactivées mais à nouveau réprimées qui seraient à l'origine de la perturbation organique en jeu…* ». Halte aux projections sur le corps de l'autre et aux projections : « *pseudo-scientifiques engendrant des effets pervers à commencer par la culpabilisation des patients, ceux-ci se ressentant comme étant responsables de ce qui leur arrive…* ».

Notre défi enfin : Exercer notre art ostéopathique selon une ouverture psychosomatique, avec pour idéal la perspective de l'exploration thérapeutique d'une troisième voie : « *hybride* », comprise entre le voir-toucher de l'être-corps et le dire de l'être.

COMPTE RENDU DE 3 CAS CLINIQUES A L'ATTENTION D'UN « GROUPE BALINT » DE CONFRERES OSTEOPATHES

Madame M.HS

Ce qui frappe d'emblée chez cette patiente, dès qu'elle pénètre dans le cabinet ; ce sont ses yeux apeurés, méfiants, et son allure plutôt raide.

Cette femme est âgée de 47 ans et mère de 3 enfants. Le fils aîné fait des études supérieures de Droit (ce dont elle se montre assez fière). Sa fille est en BTS commercial et son jeune fils commence un apprentissage en cuisine-pâtisserie.

Cela se passe bien, même si les trois se disputent souvent violemment, surtout en l'absence du père

(On ne peut s'empêcher ici d'observer une disparité de niveau culturel entre l'aîné, sa sœur et son frère... Propice aux conflits de tous ordres, en raison de l'orientation de chacun ?)

Le débit de Madame HS est assez lent, entrecoupé de quelques soupirs, puis son ton s'accélère lorsqu'elle confie spontanément :

« Qu'elle n'en peut plus, qu'elle en a marre de toujours devoir supporter ses problèmes... ».

Puis, elle évoque une névrite cervico-brachiale, qui aurait duré plusieurs semaines, laquelle l'aurait *« affreusement fait souffrir »,* mais sans qu'on ait pu déceler la moindre compression par hernie discale ou autre, tant au scanner qu'à l'IRM.

Aujourd'hui, cette névrite heureusement a disparu.

Aussi, je lui demande ce qui la gêne présentement.

Elle me répond qu'elle vient me voir parce qu'elle souffre d'une sciatique du côté droit, qui descend et se localise au milieu de sa fesse, et ce, depuis plus de 6 mois.

(D'après ce que me décrit la patiente avec son doigt, si toutefois, il s'agissait d'une sciatique, elle correspondrait à une sciatalgie tronquée de type postérieur L5/S1. Or, les explorations faites au scanner montrent une petite protrusion discale sans danger de compression – comme on le sait- en regard du disque L4/L5, qui s'avère incompatible apparemment avec le trajet douloureux dont elle se plaint)

Madame HS aurait subi 2 infiltrations, puis absorption d'anti-inflammatoires, soins de kinésithérapie, et visites régulières chez son généraliste…Tout cela sans aucuns résultats !

« Ce qui fait que j'en ai marre, plus que marre », me répète-t-elle !

La verbalisation quelque peu hachée de Madame HS, en raison d'un préconscient peu dense, ramène toutefois du « matériel » notamment s'agissant du « génogramme ».

A l'origine, la famille dont est issue Madame HS était forte de quatre enfants. Mais, ils ne sont plus que trois, une sœur plus jeune âgée de 42 ans, et un frère de 39 ans. Quant à la sœur aînée, elle fut emportée par un cancer lorsque Madame HS avait 11 ans.

(Ce qui fait qu'elle est devenue à son tour l'aînée, en remplacement de sa sœur, avec tout ce que cela suppose de charge comme substitut maternel, ainsi que je l'interprète en silence à ce moment de son dire)

Cette sœur, me souffle-t-elle, la voix blanche, aurait 53 ans aujourd'hui.

Sa mère elle *« est en relative bonne santé, malgré des soucis de circulation sanguine. Mais surtout, comme le père est mort, il y a 6 ans, elle vit très mal le fait d'être seule, avec ses trois enfants et ses petits-enfants au loin. »*.

Maintenant, s'agissant de son mari, Madame HS m'annonce qu'il est militaire de carrière, avec le grade d'adjudant-chef, ce qui impose :

« Des déménagements fréquents qui demandent à chaque fois de se réadapter dans un environnement inconnu, en dehors du cercle restreint des militaires. ».

Et ajoute la patiente :

« Ce n'est pas facile pour la famille, car avec l'Armée, ça ne rigole pas ! »

(Tout ce que laisse entendre Madame HS, c'est que son histoire passée témoigne d'un contexte traumatique qui aura pesé sans nul doute sur toute la famille, une histoire à forte charge de responsabilité et de culpabilité pour la patiente qui prenait la place virtuelle de sa sœur morte, alors qu'elle ne le demandait pas, une culpabilité qui s'est renforcée plus tard à la mort du père, quand la mère s'est retrouvée seule, en proie au chagrin que l'on imagine… Si j'ajoute à cette brève analyse des faits, ce que sous tendent les termes de « avec l'Armée ça ne rigole pas ! », on est en droit de se demander si au-delà de l'Armée elle-même, ce n'est pas le mari auquel elle fait allusion, dont on imagine sans peine l'obsession de l'ordre et de la discipline…)

Le contenu du dire de Madame HS laisse transparaître la trace d'une culpabilité structurée, en même temps que le vif besoin de trouver un peu de repos symbolique (dont témoigne sa façon d'exprimer sa plainte, alors que c'est impossible), face au quotidien qu'elle doit affronter et son mari, dont elle suggère à demi-mots qu'il boit…

La patiente décrit à la suite de mes questions nombre de signes incombant à de fortes tensions anxiogènes, débouchant sur une spasticité musculaire, dont je remarque le plus souvent quelle retentit sur l'ensemble de l'organisme, avec son cortège implicite de maux de tête, petites sensations vertigineuses, troubles du transit digestif, ballonnement, colite, dyspepsie, constipation ou accélération des matières, insomnie, douleurs du cou, du dos ou des lombaires, et parfois une fatigue intense matinale, les muscles n'ayant pas la possibilité de se détendre durant la nuit.

Madame HS présente en particulier des maux de tête, des sensations vertigineuses parfois, un transit paresseux, une fatigue intense, et des douleurs récurrentes dont bien sûr au niveau de sa fesse droite, et d'autres douleurs associées plus irrégulières au cou et au dos.

Quant à l'examen clinique proprement dit, il n'en est pas moins parlant, avec ses interférences anxiogènes existant au niveau du corps corroborés par :

Une forte hyper réflexie, signe du Schwostek, ballonnement de l'anse iléo caecale et du sigmoïde, fortes contractures musculaires au niveau de tous les « endroits privilégiés du corps » (voir mon ouvrage : « Une approche ostéopathique de l'angoisse », publié chez Maloine), et surtout -ce qui est important-, pas de signe du Lassègue signant une sciatique, réflexe achiléen et sensibilité normale, mais en revanche une énorme tension localisée au pyramidal du bassin, concrétisée par un déficit significatif de la rotation interne, du côté de la douleur fessière (pouvant donner cette sensation de sciatique), en comparaison avec le côté gauche où la rotation interne elle, est complète.

Le pyramidal (piriformis en anglais) en effet, est un muscle redoutable, qui peut au même titre que d'autres muscles striés et rouges (psoas, trapèzes, rhomboïdes, scalènes, moyens fessiers etc.) refléter le poids des tensions anxiogènes, en créant un état de spasticité, dont je parlais plus haut.

Et ce pyramidal, en cas de fortes tensions se déployant dans la durée (d'origine multifactorielles) peut directement agir sur le nerf sciatique, en comprimant par la rétraction de son corps charnu, le tronc, qui passe dans l'échancrure, soit la partie la plus profonde du milieu de la fesse.

C'est bien ce qui se passait avec cette patiente.

Soins d'accompagnement, libération des tensions musculaires, écoute empathique, dialogue dirigé délicat, sans intrusion, mise en confiance, et recherche d'alliance thérapeutique, ont en fin de compte déjà soulagés sensiblement cette patiente, qui continue à se plaindre de sa zone cervico dorsale, mais dit-elle *« de manière supportable »,* en ayant oubliée son trajet « sciatique » d'origine.

Nous nous sommes rencontrés à plusieurs reprises échelonnées dans le temps.

Les consultations ont eu pour effet chez Madame HS de susciter chez elle, un processus de « mentalisation », comme l'on dit en psychosomatique, qui ont induit une propension à dédramatiser les assauts de ses interférences somatiques. Le soulagement de ses tensions musculaires a provoqué chez elle une plus grande sensation de liberté. Ce qui fait qu'elle a réussi progressivement à prendre un peu de distance avec le poids de ses influx multiples…

Ce qui est important, c'est de ne pas se focaliser sur le symptôme, mais de constater à partir de l'anamnèse, en y incorporant la verbalisation (dans son aspect autogène, selon Balint) qu'à un certain moment, il se produit un effet de rupture (lorsque pèsent trop les affects et les conflits) qui mettent à mal l'ensemble de l'organisme….

Madame GD

Madame GD vient me voir de la part d'un kinésithérapeute, qui la traite depuis près de 30 ans, à raison d'une fois par mois. Or, ce praticien, semble-t-il, a épuisé toutes ses ressources pour soulager cette patiente.

C'est pourquoi, il lui recommande de voir un ostéopathe.

Madame GD ressent :

« Des troubles atypiques depuis plusieurs semaines, constitués de sensation d'arrêt du bol alimentaire, au niveau rétro pharyngien, accompagnés de légères brûlures, et de douleurs, dans le haut du dos, le tout renforcé par un dégoût marqué de tout absorption de nourriture, avec dans le même temps le surgissement d'une angoisse incoercible… ».

La patiente âgée de 68-69 ans est professeur de Yoga, toujours en activité, certes réduite, mais dit-elle : *« Elle tient à garder un peu d'enseignement, notamment auprès d'un petit cercle d'amis qui la suit depuis des décennies ».*

Cette personne ne paraît pas son âge réel. Son aspect est soigné. Son regard est net, droit. Ses gestes fluides, bien que frappés par un léger tremblement perceptible au niveau du visage, en particulier sur la commissure du sillon naso-labial.

« Ce n'est pas un Parkinson » lui aurait affirmé un neurologue de renom, consulté à l'Hôpital.

Madame GD, plutôt extravertie, à la verbalisation aisée n'attend guère pour me raconter ses difficultés surgies il y a peu, qui *« l'oppressent »* à cause de sa belle-fille et de son fils, ainsi que le *« souci qu'elle se fait »* pour son petit-fils (né de sa première belle-fille), lequel purgerait une peine de prison aux USA, pour des délits mineurs.

Le fils de Madame GD en est à son troisième mariage.

Sa dernière femme, au dire de Madame GD est foncièrement jalouse des anciennes conquêtes de son fils, et même ne supporte pas qu'on y fasse allusion :

« Elle rend la vie impossible à tout le monde, se conduit comme une folle, sans que mon fils ne trouve à y redire. Pire, il prend le parti de sa femme, jusqu'à se montrer agressif avec moi », me confie-t-elle, avant de poursuivre :

« A preuve, il y a deux mois, au cours d'un diner chez eux, je leur ai dit que j'avais invité Danielle, durant les vacances, dans ma maison de Draguignan qui est la première femme de mon fils, avec laquelle je m'entends bien… Alors comme une furie, la femme de mon fils s'est levée de table, et m'a lancé : C'est comme si vous me donniez un coup de couteau dans le ventre (sic).

Puis, tout s'est envenimé à ce moment-là, ma belle-fille m'a pratiquement insultée; mon fils lui a donné raison et ne me parle plus depuis… C'est quand même incroyable que l'on puisse m'en vouloir de continuer à être en bon termes avec sa première femme qui reste la mère de mon petit-fils… ».

Madame GD se déverse avec une certaine fébrilité. Son débit s'accélère dès qu'elle revit la scène et qu'elle évoque « l'hostilité » de son fils. D'autres fois, elle semble prendre un peu de champ avec ce qui la taraude, en utilisant alors une phraséologie teintée d'humour, parsemée d'expressions argotiques.

(Ce qu'il faut entendre de Madame GD, c'est que tout n'a certainement pas commencé ce jour-là avec sa belle-fille et son fils. On peut supposer que les conflits sont bien antérieurs, parce qu'à l'évidence elle n'a pas apprécié l'union de son fils avec cette nouvelle femme qu'elle accuse d'être jalouse (par effet de projection) alors que c'est elle, la mère qui est jalouse…

L'annonce de l'invitation de la première femme ne serait ainsi qu'une provocation indirecte de plus, insupportable aux yeux de son fils et de sa femme…).

A ce moment de la consultation, je reviens à l'objet de sa plainte, sur laquelle nous nous attardons, pour voir comment je peux l'aider comme ostéopathe.

L'ensemble de ses symptômes liés au système digestif et les afférences neurologiques et psychologiques qu'elle ressent sont loin d'être simples (apparemment, nécessitant un avis médical).

Elle poursuit :

« C'est la première fois qu'elle se sent aussi mal. Elle maigrit. Elle a du mal à avaler. Cela la panique de penser au moment du prochain repas à venir », me déclare-t-elle avant de revenir à son fils *« qui lui fait ça à elle ! »*.

C'est alors que je l'arrête un instant, pour lui demander ce que fait son fils comme travail ?

« Nutritionniste » me répond -elle :

« Et même un excellent nutritionniste, très compétent, qui est la coqueluche de tous les congrès internationaux, puisqu'il est reconnu partout, et qu'il est sans arrêt à l'étranger ».

Et sa femme, lui demandais-je ?

« Elle est également dans le même secteur, mais plutôt du côté de la recherche, où parait-il elle serait très appréciée… ».

Sans entrer dans le détail, je dirais que devant ses symptômes digestifs, et après l'avoir examiné et accompagné le plus généreusement possible sur le plan thérapeutique, je lui conseille de prendre un avis auprès d'un gastro-entérologue, ou de son médecin traitant pour tenter d'y voir plus clair…

Devant ses crises de panique, je lui recommande de prendre également un avis auprès d'un correspondant psychiatre, en qui j'ai confiance, pour voir s'il peut l'aider à surmonter cette épreuve pénible du surgissement de son angoisse incoercible au moment des repas.

Ce qu'elle fit en effet, en retenant que l'examen de fibroscopie n'avait rien montré de probant.

Quant à mon correspondant, qu'elle se résolut à consulter, il diagnostiqua chez elle, un état caractéristique d'anxiété, avec pour conséquence de lui prescrire des anxiolytiques qui s'étaient avérés inefficaces, selon elle.

Pour ma part, j'ai revu cette patiente 3 fois selon un protocole complet réservant une grande place à l'écoute, relance ou retour sur son histoire (soft), ses relations avec l'entourage, puis pour la partie somatique, accompagnement doux, fluidique, viscéral, musculo-aponévrotique, en insistant sur la zone du triangle supérieur (en particulier tous les muscles du haut du dos et du capuchon des épaules, du médiastin, ainsi que le plastron thoracique, le plexus cœliaque, le diaphragme, la zone crânio-cervicale, dorsale, stomacale, plus accompagnement respiratoire primaire…

Après ce lourd travail, la patiente se sent mieux quelques heures, mais retombe après dans son état de mal-être, surtout dès le premier repas du matin qui *« ne passe pas et lui procure une sensation d'étouffement doublée d'une forte angoisse. Et cet état l'empêche de s'alimenter normalement. »*.

D'autre part, après une autre visite chez un neurologue, il lui aurait annoncé cette fois, après examen que *« ses tremblements seraient dus à un petit début de Parkinson… »*.

Madame GD s'en doutait, mais dit-elle *« n'en fait pas grand cas »*.

Elle s'exprime avec cohérence, laissant affleurer un préconscient dense, souple, où perce une pointe d'humour, malgré son visage grave, traversé par une trace de colère contenue, lorsqu'elle me lance :

« Qu'elle ne tient plus à revoir le psychiatre : trop loin et trop cher, qu'elle ne sait plus ce qu'elle doit faire, car elle ne peut plus continuer à vivre comme ça. ».

Les relations avec son fils, me dit-elle, sont : *« toujours tendues, bien qu'il se montre plus présent à cause de son état, mais que cela ne change pas au fond sa manière d'être avec sa femme, car il n'est plus le même, elle ne l'a pas retrouvé… ».*

Quant à sa belle-fille ; ses relations sont inexistantes… *« Elle m'ignore comme je l'ignore… »*

Après un long entretien, lors de notre dernière séance, je conseille à Madame GD de revoir son médecin traitant, afin de refaire le point avec lui, et de voir comment on peut continuer à l'aider avec l'appui d'autres spécialistes

Je lui déclare enfin que je reste toutefois à son entière disposition, quand elle en ressentira la nécessité, sachant par ailleurs, qu'elle aurait toute raison de continuer à voir son kiné habituel, comme elle le fait depuis 30 ans…

Monsieur LR

Ce patient, âgé de 27 ans, vient me voir, de la part de son patron, dirigeant d'une société informatique, que je traite depuis une quinzaine d'années.

L'homme me précise qu'il souffre de tensions douloureuses au niveau de sa nuque, associées à des cervicalgies qui :

« Le gênent au quotidien, et même provoquent chez lui un mauvais sommeil, parce qu'il a du mal à trouver une place confortable sur l'oreiller. Il en a bien essayé de toutes sortes, mais rien à faire, au bout d'un moment, il est réveillé à cause du surgissement de douleurs sur l'ensemble du cou et de la nuque. ».

Son médecin lui a fait passer des radios qui ne révèlent rien d'inquiétant, juste « une petite inversion de courbure cervicale » due à la forte contracture des muscles qui soutiennent le cou.

Rien à voir avec les vertèbres. Un classique !

En prolongeant l'entretien, ce patient me confie qu'en plus de ses douleurs musculaires, il souffre de colopathies, avec des périodes de spasmes à l'estomac, et ce, depuis qu'il est très jeune. A ce sujet, il se souvient avoir subi une fibroscopie, il y a longtemps, laquelle était normale. Il a consulté tant en gastrologie, qu'en médecine générale, sans qu'on lui trouve quoique ce soit d'organique.

On lui répète toujours la même chose : « *Il n'y a rien de grave… Tout juste un fond d'angoisse…* ».

S'attardant encore sur ses problèmes digestifs, le patient ajoute :

« Qu'il n'est à vrai dire jamais tranquille… Que les suites de repas sont souvent pénibles avec difficultés à digérer, ballonnements…

Que les traitements reviennent à des prescriptions de confort avec programme diététique, mais sans résultats probants… Que ses mêmes « crises » sont encore plus fortes dans les périodes de stress…».

Face à cette situation, et : « *pour éviter ces désagréments il aurait décidé de ne prendre qu'un repas par jour. Le matin, il part au travail sans petit-déjeuner. Il prend ensuite un repas à la mi-journée et rien le soir.* »

En revenant à l'objet de sa plainte comme « sésame », et fidèle à entrer plus avant dans l'histoire du sujet – sans intrusion aucune-, le patient mis en confiance par l'intérêt que je lui manifeste, me raconte que sa mère originaire de Bretagne, vivant actuellement dans le sud, avait divorcé autrefois d'un premier mari, et qu'en conséquence, il a un demi-frère plus âgé que lui de 6 ans, qu'il ne voit jamais.

Lui est né du deuxième mariage de sa mère avec son père, adepte des Témoins de Jehova, une religion avec laquelle, il aurait pris très tôt ses distances.

« Entre son père et lui, il y a toujours de l'incompréhension, car il aurait toujours imposé des règles et des croyances difficiles à suivre. Cela lui aurait valu de subir beaucoup de représailles à la maison. ».

En revanche, sa relation avec sa mère est plutôt bonne. Il voit bien qu'elle est soumise, pour ne pas contrarier son père. Au moins, elle ne lui fait pas de reproches en permanence.

Depuis 3 ans, le patient réside à Paris, où il a trouvé à se loger dans un studio. Une compagne vit avec lui,

« Ce n'est pas toujours simple, car elle contracté le VIH, au cours d'une transfusion sanguine à la suite d'une opération… Bien sûr, elle est suivie. Mais dans la vie du couple, il faut être extrêmement prudent sans que je fasse de dessins (sic) ».

Cette situation empreinte d'une vigilance constante, avec cette infection : *« dont il ne fallait pas parler comme si elle n'existait pas, était malgré tout, toujours présente… ».* Ajouta ce patient, puis il me confia qu'avant de trouver cette place chez ce patron (pour lequel, il me demandait de garder le secret, quant à ce qu'il me disait), il avait tenté de suivre plusieurs formations, dont un an à l'Ecole Boulle, un cursus avorté en fac, et différents petits boulots.

A ce moment de sa narration, le patient lâcha : *« qu'il avait conscience de son instabilité, mais que son problème, c'était d'avoir toujours l'impression de mal faire, et en même temps d'être toujours sur le qui-vive… ».*

Je ne cacherai pas que cette consultation fut longue.

Dans le prolongement de l'entretien, l'examen clinique a mis en évidence des tensions musculaires exacerbées (Avec signe du Schwostek, plus hyper réflexie) réparties sur les principaux « endroits privilégiés » (Voir mes publications), mais aussi au niveau du cadre abdominal avec ballonnement et aérophagie, perceptible surtout au niveau de la poche stomacale.

J'ai accompagné avec soin ce patient en exerçant un travail approfondi de libération musculo-articulaire et aponévrotique, avec une grande part réservée à l'abord viscéral et crânio-sacré…

A la fin de la séance, j'ai recommandé à ce patient de consulter à nouveau, pour voir si autre exploration de son cadre digestif ne s'imposait pas afin de vérifier l'intégrité des segments organiques, dans le but qu'il retrouve un rythme alimentaire normal.

Nous avons convenu d'un autre rendez-vous, avant de nous quitter…

Plus tard, l'examen digestif qu'il a effectué a montré l'existence d'une petite hernie hiatale et une irritation du duodénum sans gravité.

Nos séances, où la part de l'entretien était loin d'être négligeable associé aux soins du corps, l'ont aidé « *considérablement* », au dire de ce patient. Le fait de verbaliser dans un climat d'empathie et de bienveillance en symbiose avec une gestuelle douce, précise et globale tout à la fois ont permis cette amélioration

Enfin, je me permets de vous livrer ce qu'il me déclara avant de prendre congé dès la première séance (on ne dira jamais assez combien cette première rencontre est capitale pour la suite),

J'avais pris soin de le prendre en notes (au sens propre), comme l'exemple de ce que peut ressentir un patient lorsqu'il se sent « écouté, compris », ainsi que le propose idéalement l'ostéopathie psychosomatique :

« C'est bien la première fois que je parle à un praticien de ce que je ressens… Habituellement on me parle de stress, sans autre explications, et je suis même surpris que l'on se contente que de ça, sans voir si on peut comprendre ce qui se passe à l'intérieur, à l'aide de nouveaux examens, comme vous le dites… Ordinairement, les consultations se terminent par des produits à prendre. Quant à ce que je mange ou pas, ça n'intéresse pas grand monde… Au moins vous, vous avez pris la peine de m'entendre… ».

REVUE SIGILA-GRIS-FRANCE (PRINTEMPS-ÉTÉ 2010)

NUMÉRO 25 CONSACRÉ AU THÈME DE LA TRANSPARENCE

« PLAIDOYER POUR L'OPACITÉ »

La transparence. Si l'on se réfère au dictionnaire de la langue Française (Editions de la Connaissance), ce substantif féminin se définit comme ce qui a trait au caractère, et conséquemment l'adjectif « transparent » se donne comme « ce qui laisse passer les rayons lumineux ; au travers de quoi on voit parfaitement, « nettement », et sur le mode figuratif, à ce qui est : « facile à comprendre, qui ne dissimule rien... ».

A l'inverse, l'adjectif « opaque » se définit comme ce qui intercepte la lumière, « obscur ». Quant au mode figuratif, il renvoie à ce qui est incompréhensible, impénétrable... ».

L'aventure pulsionnelle, incombant à la vie des mots sommés souvent par leurs utilisateurs, de prendre une direction contraire à leur prérogative sémantique, prouve à maints égards que la frontière est ténue, malgré toutes les apparences, entre la clarté et l'ombre épaisse. Le passage de l'une à l'autre ne se fait-il pas à la vitesse de l'éclair ? Et puis, face à la complexité des êtres et des choses, peut-on raisonnablement opter pour un sens univoque, ou une posture totalement en adéquation avec le réel, à commencer par soi-même, à moins bien sûr de « faire comme si » à l'instar de ce que suggérait en son temps Jean-Paul Sartre ?

LATRANSPARENCE, REFLET DU FANTASME DE L'ORDRE

Quitte à prendre position, face à l'inéluctable renversement des situations qui jalonnent notre quotidien, nous choisissons de prendre le parti de l'opacité, dont tout laisse à penser qu'elle baigne non seulement tout ce qui touche à notre condition humaine, mais encore, tout ce qui rayonne autour d'elle, tant la prise sur les choses repose sur une vue de l'esprit. Mais, ne faisons pas fausse route ! Nous ne cherchons guère à entamer une discussion sur l'appréhension du réel. Nous plaidons seulement pour l'opacité, parce que nous estimons que la transparence porte en germe un saisissement, voire un dépouillement tel qu'il met à mal la notion même de notre liberté ou de notre simple quant à soi.

Nous plaidons pour l'opacité parce que nous estimons que la transparence, reflet du fantasme de l'Ordre, prépare le lit de la violence et de la barbarie.

Levinas évoque dans « De l'Existence à l'Existant » (Vrin) le fait que :

« Notre existence traîne un poids – ne fut-ce qu'elle même – qui complique son voyage d'existence… Elle n'existe pas purement et simplement. Son mouvement d'existence qui pourrait être pur et droit s'infléchit et s'embourbe en lui-même, révélant dans le verbe être son caractère de verbe réfléchi : on n'est pas on s'est. ».

Nous ne saurions échapper au poids de notre exister. Et ce fait d'être rivé à nous-mêmes engendre une fatalité d'être, pouvant aller jusqu'à la nausée, telle qu'en parle Levinas dans de « De l'évasion » (Fata Morgana), qui est :

« Cette impossibilité d'être ce qu'on est, et en même temps d'être rivé à soi-même, enserré dans un cercle étroit qui étouffe. ».

Cet enchaînement à nous-mêmes, cette position d'existant, résidant dans le fait que l'on ne peut se détacher de soi, ne concerne en vérité que nous-mêmes en tant que monade opaque, autrement dit : « sans porte ni fenêtre ».

Or, si l'on revient à la notion de transparence, les jeux ne sont plus les mêmes, car on ne saurait être transparent à soi-même. Cette dernière n'est donc l'affaire que de l'autre, de son regard obstiné à libérer les voiles de ses propres fantômes, jusqu'au désir fou d'atteindre la clarté absolue.

N'est-ce pas là le terreau même de la violence ?

Aussi, notre démarche participe t-elle de notre refus de laisser croire que tout s'explique, tout s'enchaîne distinctement, tout se comprend, et que par là même, nous serions dans le secret le plus absolu de tout ce qui arrive, s'entend et se voit, comme si les choses et les êtres pouvaient être perçus dans tout l'éclat de leur nudité, comme si nos pauvres sens détenaient le pouvoir de rendre évidentes les fonctions de la moindre de nos cellules, le moindre événement anthropologique ou le moindre balbutiement psychique.

Ce refus ne va guère de soi. N'est-ce pas toute la tradition gréco-occidentale qui se voit remise en question, dès lors que l'on joue l'opacité contre la transparence ?

Une posture panoramique.

Levinas, grâce lui soit rendue, en marquant son opposition à la phénoménologie comme philosophie de la lumière et de la clarté, a ouvert une voie dont nous ne tairons pas l'influence. Sans développer davantage, il convient de rappeler qu'avec Husserl et Heidegger, ce qui est recherché, c'est le retour à *l'Arché,* au tout commencement, afin d'atteindre la racine claire des choses, du savoir et en particulier du langage.

Dans la préface de son Maître ouvrage, « Totalité et Infini » (Nijhoff 1971), Levinas prend nettement une position contraire, allant dans le sens d'un plaidoyer indirect contre la visée de tout transparence absolue.

Ecoutons-le :

« La conscience ne consiste pas à égaler l'être par la représentation, à tendre à la pleine lumière où cette adéquation se cherche, mais à se défaire de ce jeu de lumière - cette phénoménologie - et à accomplir des évènements dont l'ultime signification –contrairement à la conception Heidegerienne – ne revient pas à dévoiler. ».

Et plus loin, dans le même ouvrage Levinas donne le coup de grâce aux adorateurs de la lumière :

« Dans la clarté l'être extérieur se présente comme l'œuvre de la pensée qui le reçoit. L'intelligibilité, caractérisée par la clarté, est une adéquation totale du pensant au pensé, dans le sens très précis d'une maîtrise exercée par le pensant sur le pensé, où s'évanouit dans l'objet sa résistance d'être extérieur… La clarté est la disparition de ce qui pourrait heurter. ».

Comme le souligne à juste titre Marc-Alain Ouaknin dans « Méditations érotiques. Essai sur Emmanuel Levinas » (Balland) :

« La philosophie de Levinas, qui est essentiellement une critique de la Totalité-de-l'Etre comme totalité et unité, passe pour une critique du « primat de l'existence panoramique. ».

Que dire de plus, si ce n'est que cultiver la transparence en ce sens, consiste à river l'être dans une posture panoramique, lui supprimant du même coup toute velléité de se présenter autre et infini, épais de son incoercible mystère. La violence faite à autrui n'est rien d'autre que cette assignation à son essence dépouillée, diaphane, désincarnée, disparaissant au fur et à mesure de l'insistance du regard et de la pensée inquisitrice.

Heureusement, les choses sont ainsi faites qu'il semble bien que le sens propre ne soit jamais atteint. Nous ne pouvons que délirer au sens figuré. C'est que l'entre-deux veille, radicalement inviolable.

L'opacité est son rempart obligé. La solitude glorieuse de l'être s'expliquerait ainsi par son unicité, son quant à soi, son recul face à autrui qui le protégerait de cette façon, contre tout savoir extérieur, et contre toute intrusion absolue. Nous serions donc contraints au dehors. C'est pourquoi la relation entre l'un et l'autre ne se laisserait pas saisir. Elle persisterait en son mystère, quand bien même elle naîtrait sous les auspices d'un socialité obligée.

Mais en vérité, rien n'est simple :

D'un côté, l'opacité s'avère être un rempart face à l'intrusion d'autrui ; de l'autre, elle se retourne néanmoins contre nous-mêmes, en restreignant notre accessibilité pure aux choses.

Freud, le premier, n'a-t-il pas ouvert la voie, en faisant observer, que la division était à l'œuvre dans notre fonctionnement psychique, que tout n'était pas accessible à la conscience ?

Un manque qui incite au dépassement.

Aussi, est-ce précisément ce manque qui donne tout son charme à l'opacité, car celle-ci incite nos sens au dépassement, pour exister, autrement dit, pour aller au delà de nous-mêmes, pour nous transcender… Tel est bien également le cas de notre corps voguant en quelque sorte, tout au long de son parcours, entre deux eaux, ce que Jankélévitch nomme « l'intermédiarité » dans « Quelque part dans l'inachevé » (Gallimard 1987) :

« *Nous sommes les êtres mitoyens d'un monde mitoyen, ancrés dans l'intermédiarité de notre corps : ce corps n'est pas un accident, ni un simple obstacle, il est plutôt l'organe-obstacle. En tant qu'il fait écran et, par son épaisseur intercepte la lumière, il nous empêche de voir ; en tant qu'il est organe, il canalise cette lumière et permet la vision. Bergson a génialement révélé cette tension, débrouillé ce débat de la négativité positive ; c'est justement le malgré qui est un parce que.* ».

L'opacité, garde-fou contre l'intrusion, fût-elle individuelle ou collective, peut se comprendre comme un défi, celui de prétendre à plus d'extension d'être ! En reconnaissant cette potentialité ontologique, n'est-ce pas là une façon de la considérer comme une authentique catégorie philosophique ? Je pose en effet la question le plus sérieusement du monde. Car hormis cette potentialité ontologique, le respect de l'opacité n'est-il pas un préalable à l'éthique ?

Le respect de l'opacité, sa revendication même, n'engagent-ils pas déjà à reconnaître la dignité d'autrui, son quant-à-soi, ses potentialités d'être infini, en évitant de le réduire au seul prisme étriqué de notre conscience ou de notre regard sans lui laisser aucune possibilité d'être autre ?

Face à l'autre, le flou de l'opacité nous guette. Et c'est tant mieux, car ce même flou stimule, on l'a vu, notre quête de savoir et de comprendre, quand bien nous savons que l'autre rive ne sera jamais atteinte…

Si l'on en croit Jacques Lacan : *« Il n'y a pas de rapport sexuel »*.

Il va sans dire que cette formulation, dont la provocation ne fait aucun doute, est lourde de sens. N'en appelle-t-elle pas indirectement au paradigme de la relation humaine dans son lien avec l'opacité ? En effet l'homme du célèbre séminaire ne veut-il pas nous mettre en garde contre les certitudes soi-disant palpables ?

C'est que la relation, même la plus charnelle n'est jamais aussi totalement pleine que ce que l'on croit ordinairement, tant la réalité immanente est trompeuse, rebelle à toute appréhension, et toute compréhension absolue.

« Le rapport sexuel n'existe pas », parce que suggère Lacan, le tout de l'érogénéité de l'être, par essence inassouvie, ne peut fusionner avec un autre radicalement séparé de lui. Le même ne s'absorbe jamais dans le même. L'autre est toujours autre, même dans la relation amoureuse la plus brûlante…

Comme le déclare Levinas dans le *« Temps et l'Autre »* (Quadrige) :

« La relation avec l'autre n'est pas une idyllique et harmonique relation de communion, ni une sympathie par laquelle nous mettant à sa place, nous le

reconnaissons comme semblable à nous, mais extérieur à nous : la relation avec l'autre est une relation avec un mystère. ».

Opacité et transcendance

Ce mystère lové dans les limbes de l'infini, par essence jamais atteignable est une grâce chère à la tradition Juive, qui enjoint de la cultiver, afin de ne pas sombrer dans la tentation de la fixité, de l'arrêt et de la saisie ou de la prise, annonciateurs de l'idolâtrie.

« Ivri », en hébreu, signifie celui qui passe… Quant au mot « Koddesh », il présente le double sens de sacré et de séparé. Comme s'il s'agissait de nous indiquer la bonne voie, celle qui consiste à fuir toute notion de fusion, et autre coagulation, qui de cette façon nous bouterait hors champ du transcendant.

Dans le même ordre d'idée, il n'est pas vain de rappeler que dans cette même tradition, le Nom de Dieu, le Tétragramme, YHVH, autrement dit, ce nom composé de quatre consonnes sans voyelles est ineffable. Il est strictement imprononçable, comme pour imposer l'écart, la distance, afin que la quête perfectible de l'homme poursuive son chemin infini.

Derrière cette opacité, cette ombre, ce « caché », cet invisible, n'y aurait-il pas un souffle infini, un secret divin informulable ?

La mobilité, la fluidité, « la caresse » au sens de Levinas, sont consubstantielles au respect de l'opacité, laquelle suppose notre « recul » ou notre quant-à-soi, face aux choses et aux êtres.

Sans pour autant s'enfermer dans une forteresse close, le quant-à-soi se doit d'être - telle est notre espérance – ouvert et lucide, face aux vents de l'Histoire.

En effet, du champ historique au champ politique, il n'y a qu'un pas. Là encore, l'opacité – avec toutes les réserves qu'il convient de faire, notamment en matière de respect du droit et de la justice- est une donnée qu'il faut protéger, afin d'éviter tout dérapage d'ordre démocratique.

C'est ce que ne manque pas de souligner Levinas, dans *« Ethique* et *infini »* (Fayard), lorsqu'il déclare ceci, qui est fondamental pour notre santé démocratique et individuelle :

« Le réel ne doit pas seulement être déterminé dans son objectivité historique, mais aussi à partir du secret, qui interrompt la continuité du temps historique, à partir des intentions intérieures. La pluralité de la société n'est possible qu'à partir de ce secret. ».

CONFERENCE DONNEE LORS DE L'ASSEMBLEE GENERALE DU REGISTRE DES OSTEOPATHES DE FRANCE TENUE A PARIS

DES MOTS DERRIÈRE LES MAUX

(A LA RENCONTRE DU PATIENT-HUMAIN)

Qu'il me soit permis de remercier ici Guy Villemin, pour m'avoir fait l'honneur de partager avec vous quelques pistes de réflexion, dans le prolongement des mes ouvrages consacrés à l'ostéopathie et à la Mémoire de la Shoah, dont on trouvera les références sur le Net. En tout quelques 23 essais à ce jour.

Disons-le d'emblée : En sus de la formation ostéopathique reçue avec bonheur à Maidstone, sous l'autorité de Tom Dummer et des Maîtres Britanniques, et l'enseignement reçu en Psychosomatique durant 4 ans à Paris V, sous la responsabilité de Doris Vasconcellos, je dois dire que je suis reconnaissant aux patients d'avoir complété en quelque sorte cette formation de base.

On prête ce mot à Sigmund Freud :

« Je dois tout à mes patients, au déni de ma bibliothèque… ».

Je ne sais si cela est exact, mais peu importe.

En effet, mieux que les traités en tous genres, les patients ne nous indiquent-ils pas la marche à suivre pour les accompagner, et en ce sens, ne sont-ils pas des formateurs en puissance à leur insu ?

Il suffit de les entendre, en étant attentif à leur verbalisation, y compris bien sûr, en étant attentif à leur rétention verbale éventuelle, car c'est souvent là « où ça parle le plus. »

L'investigation clinique ne repose pas que sur la seule gestuelle appliquée au soma.

Elle doit prendre en compte également l'appréhension du dire du patient, notamment en faisant cas de son histoire passée ou récente, comme préalable à toute forme d'accompagnement thérapeutique.

Entendons-nous bien ! Il ne s'agit pas pour nous de nous substituer au psychologue, ni au psychanalyste.

Non, mais pour soigner quelqu'un, encore faut-il déjà entendre ce qu'il a à nous dire, ou bien ce qu'il ne dit pas, lorsqu'il se tapit derrière sa plainte, ainsi que je le mentionnais dans *« Une approche ostéopathique de l'angoisse »,* où je pointais le fait que :

« Derrière la plainte, il y a une plainte infiniment plus profonde. ».

Cette attention portée au dire, et surtout à la « parole parlante », autrement dit de type existentiel, au sens que lui donne Merleau-Ponty dans « Phénoménologie de la Perception », émergeant de la gangue du langage est loin d'être évidente.

Mais cela ne doit pas nous rebuter.

Ainsi que le souligne le psychiatre-psychanalyste Edouard Zarifian dans *« le goût de vivre »* :

« C'est la parole qu'il faut retrouver. Qu'elle exprime la souffrance psychique, ou bien parle du corps, car la personne humaine n'est pas faite d'entités séparées... Nommer cette souffrance, c'est déjà en la reconnaissant, commencer à la soulager... ».

On ne dira jamais assez que nous vivons sous le signe du « subir » et celui des pertes successives, sans qu'il me soit utile de le développer ici.

La notion de traumatisme n'est pas dépendante de l'aspect quantitatif, mais de la représentation mentale que l'on se fait des évènements vécus. Ce peut-être des choses apparemment anodines, mais dont la résonnance est aigüe. Personne n'est épargné. Telle est le reflet de notre condition humaine. Et, c'est précisément autour de cette notion du « subir » que s'engendrent les tensions, les conflits ou les affects à l'origine le plus souvent de la rupture de l'homéostasie au sein de l'organisme, perceptible pour nous ostéopathes, en particulier au niveau de l'enveloppe musculaire.

Or, le *« subir »,* dont il est question est consubstantiel au fait comme le dit encore Edouard Zarifian :

« Qu'on ne peut échapper à la souffrance : La souffrance psychique est l'un des éléments qui caractérisent notre existence. Elle est la conséquence des rapports malheureux qui se tissent dans certaines circonstances ou à certains moments de notre vie entre les évènements du réel, la valeur affective et le sens qu'on leur attribue, et les transformations apportées par notre imaginaire. ».

Le « *subir* » engendré par la souffrance, qu'elle qu'en soit l'origine, tyrannise l'être, et le rétracte à l'intérieur de sa monade.

Levinas, auquel nous avons consacré un essai intitulé : « *La brisure de la coque, une transmission éthique du dire dans l'œuvre de Levinas* », ne déclare t-il pas en évoquant la souffrance, en particulier « physique » :

« *Le contenu de la souffrance se confond avec l'impossibilité de se détacher de la souffrance. Et ce n'est pas définir la souffrance par la souffrance, mais insister sur l'implication sui generis qui en constitue l'essence. Il y a dans la souffrance, une absence de tout refuge. Elle est le fait d'être directement exposé à l'être. Elle est le fait de l'impossibilité de fuir et de reculer. Toute l'acuité de la souffrance est dans cette impossibilité de recul. Elle est le fait d'être acculé à la vie et à l'être. Dans ce sens, la souffrance est l'impossibilité du néant.* ».

On remarquera que cette appréhension de la souffrance dans son versant ontologique est parfaitement étrangère à la physiologie médicale qui se garde bien elle de parler de souffrance.

Le terme est par trop impudique. On parle plutôt de douleur…

Pourtant la souffrance, par son impossibilité d'abandonner l'être au néant, génère le questionnement métaphysique.

En ennemi de la logique, la souffrance bouscule l'ordre.

Ecoutons encore Levinas : *« Le mal de la souffrance, la nuisance même est l'éclatement et comme la plus profonde de l'absurdité... Le souffrir est un pâtir pur »*.

Ces mots ne contiennent-ils pas toute la détresse de l'être ?

Ne mettent-ils pas en évidence toute la vulnérabilité de l'existant ?

Ne sont-ils pas enfin, une interpellation adressée à ceux qui ont pour mission de soigner ?

En raison de l'urgence à atténuer le mal, l'être souffrant convoque, ordonne l'éthique.

Le mal n'attend pas.

L'être qui souffre, souffre toujours trop. Et, il faut faire impérativement quelque chose pour lui.

Ce mal-être, au sens propre du terme, nourri par les tensions anxiogènes, les dysfonctionnements organiques et les multiples influx stressants, engendre souvent un processus de somatisation, dès lors que le patient n'est plus capable de maitriser mentalement les conflits ou les tensions qui pèsent sur lui.

La physiologie moderne nous le dit : Nous ne sommes qu'émotion. Une émotion despotique qui fait trace tant dans l'appareil psychique que dans la moindre cellule de l'organisme.

Or, si l'on sait que le langage est la demeure de l'être, force est de constater que ce même langage n'est pas spécialement apte à rendre transparent le contenu émotionnel à la conscience, afin de l'exprimer à un tiers.

La parole « parlante » ne se délivre pas aisément.

C'est un fait, la parole, non seulement ne « parle pas » le plus souvent, mais encore elle ne « se » parle pas.

Telle est bien la problématique de l'insu. D'où, l'extrême difficulté de toute relation thérapeutique.

Parfois la dichotomie entre le corps et le dire est tellement prononcée, que l'être parlant semble avoir disparu. Son dire est inhibé, et désespérément vide. Le corps supplée à l'aphasie.

D'autres fois c'est le contraire, le corps se tait et la parole en dit trop. La logorrhée supplée alors au silence du corps.

Et le praticien, dans tout cela, que dit-il, lui ?

Quand, pour remplir son rôle, il utilise un langage parlé, technique, parfait, un langage de vainqueur jusqu'à – et c'est un comble parfois – recouvrir la parole de son patient !

Certes, cette attention portée au décryptage du langage, à la verbalisation du patient, bref à la signifiance des « mots derrière les maux », exige une disponibilité et une sensibilité, qui ne demande qu'à se développer dans la proximité des confrères, à l'instar des groupes Balint, afin de comprendre comment les débordements d'influx interfèrent au niveau de l'organisme, à l'origine de la plainte du patient.

Cette démarche est nécessaire. Ne serait-ce parce qu'elle fait cas du patient à travers une vision plus complète.

L'aventure est loin d'être aisée. Car là, où cela se complique, c'est que souvent le patient est à la remorque de sa propre histoire.

Il est un être parlé au lieu d'être parlant !

Et, comme je le disais plus haut : Que là où coince sa parole, c'est bien là où ça parle le plus…

En ce sens, on peut dire que sa plainte – messager entre le corps et le dire – n'est que la partie émergée de l'iceberg.

C'est pourquoi, il nous faut l'explorer sans cesse, car tel un sésame, elle faciliterait l'approche de l'histoire du patient.

Cette prise en compte de la verbalisation guidée par un entretien dirigé par une présence authentique et une empathie sincère, sont des éléments incontournables de l'approche clinique, en ne perdant pas de vue toutefois que tout cela peut parfois, ne ramener aucun « matériel » utilisable pour la prise en charge du patient !

Autrement dit, l'investigation somatique, reste bien le temps irremplaçable de la consultation.

Tant que l'on n'a pas examiné *physiquement* le patient, on ne le connaît pas !

L'adéquation entre le dire et le corps, ne participe d'aucun absolu.

Tel est ce qui ressort de l'aventure clinique dévolue à cet espace si particulier que je qualifie *d'hybride,* à savoir compris entre le dire verbal, et le toucher-voir du corps.

Tel patient que l'on pense de prime abord serein, à la verbalisation fluide, s'avère après examen physique, un être rongé par les tensions anxiogènes à travers l'expression de ses troubles neuro-végétatifs, son hyper-réflexie, son ballonnement, ses troubles digestifs, ses dyspepsies, ses troubles du transit, ses maux de tête, sa fatigue, ses vertiges, ses cervicalgies, ses dorso-lombalgies rebelles etc...

Tel autre au contraire, à la verbalisation ultra rapide, voire saccadée, ou malaisée, voire mutique, ne présente aucune vraie spasticité musculaire, reflet de tensions anxiogènes repérables au niveau somatique, en particulier par la palpation fine.

Rien n'est simple !

Mais cette complexité nous enjoint de relever le défi.

Pour cela, nous devons inlassablement travailler sur nous-mêmes pour progresser dans l'écoute d'autrui, et bien sûr cultiver notre approche clinique, à commencer – j'y insiste – sur cet aspect de la verbalisation, encore trop absente du cursus des études en ostéopathie.

L'investigation clinique est un art difficile, subtil, qui implique l'ostéopathe de toute sa personne, avec ses sens, son corps, ses mains, son intellect, son imaginaire, et son éthique dans sa confrontation à la souffrance de celui ou celle que je qualifie de « patient-humain ».

Tout cela nous oblige à l'humilité et à réfréner l'ardeur de nos egos.

En faisant référence à Levinas, on peut ajouter que la détresse qui surgit dans le visage et le corps d'autrui, reflet de son unicité, nourrit notre responsabilité à son endroit.

L'éthique précède tout forme de relation thérapeutique, même si l'éthique peut naître, on l'a vu également, du côté du « patient-humain » dans sa demande urgente de résolution de son mal.

Tel et ce qui doit conforter notre non-violence à l'adresse d'autrui. A fortiori en médecine ostéopathique où l'être-corps du patient reste un mystère. Car malgré nos efforts, notre bienveillance et la concrétude réussie de l'acte ostéopathique, la sémiologie du corps ne reste qu'une virtualité. Malgré son pseudo-langage, le corps fondamentalement opaque et la main la plus sûre, ne saurait le saisir, l'assigner à une essence ou une identité ossifiée.

Entre le soignant et le soigné il y a un intervalle infranchissable, garant de notre intégrité.

Aussi, comme le déclare Vladimir Yankélévitch dans *« Quelque part dans l'inachevé »* (Seuil) :

« Cet obstacle fait partie de l'énigme à déchiffrer et cette énigme constitue en même temps une espérance. ».

PRESENTATION DE « LA BRISURE DE LA COQUE OU UNE TRANSMISSION ETHIQUE DU DIRE DANS L'ŒUVRE DE LEVINAS ».

(SÉMINAIRE DE RECHERCHE EN PSYCHANALYSE DE NECKER PORTANT SUR LE FEMININ, SOUS LA DIRECTION DE FRANÇOIS MARTY ET KARINNE GUENICHE)

Le projet de cet essai a consisté essentiellement à tenter de décrire et d'analyser le lien si particulier qui s'est créé à travers le temps dans ma proximité des textes de Levinas.

Ce n'est pas un secret. Aussi loin que je puisse m'en souvenir, les textes de Levinas ont toujours trouvé une extrême résonnance en moi. Et même, je n'hésiterais pas à le confier, à faire en sorte, que parfois, face aux différents moments pénibles que je peux éventuellement traverser – ou dans mon quotidien de soignant -, ils m'apportent comme une bouffée d'apaisement.

La lecture de Levinas me séduit par la densité et la profondeur de son expression philosophique, laquelle s'avère forte de deux courants : l'un classique, issu de la phénoménologie, que l'on doit à Husserl et à son disciple Heidegger, l'autre, né du frottement à la lettre carrée, donc hébraïque, dont la vocation n'a de cesse d'ouvrir le cœur et l'esprit à l'éthique.

L'œuvre de Levinas couvre des milliers et des milliers de pages. L'écriture extrêmement soignée, rigoureuse, manie des concepts complexes, qui suscitent, une fois intégrés à la pensée, comme une sorte d'arrêt soudain de notre quiétude.

Tel est ce qui me captive chez ce philosophe Français, né en Lituanie au début du siècle, dont le rayonnement est on ne peut plus vivant aujourd'hui, longtemps après sa disparition.

Mais venons-en au fait.

Mon projet ne consiste guère à pratiquer un commentaire de plus sur l'œuvre de Levinas. D'autres, et non des moindres, s'y sont appliqués, et par conséquent, je ne vois pas au nom de quoi, j'apporterais quelque chose d'inédit.

Non. Mon propos tient en ceci que, après des années de fréquentation des textes de Levinas, et aussi pour avoir entendu le Maître vivant, à plusieurs reprises, il s'agit de m'interroger sur la portée réelle, concrète, de la substance éthique contenue dans son œuvre, en me posant la question de savoir si cette même substance était capable d'une conversion que j'appellerais « active », impliquant en quelque sorte tout l'être, et en particulier dans la durée.

Qu'est-ce que cette lecture appliquée engendre comme résonnance au plan de sa transmission éthique ?

Jusqu'où peut-elle conduire ?

Est-elle potentiellement capable de susciter un authentique changement ?

Voilà autant de questions qui nourrissent cette recherche consacrée à certains fragments des textes de Levinas, avec lesquels s'engagent au fur et à mesure une discussion implicite du message éthique délivré par le philosophe.

Je reprendrais ici le déroulé du contenu de mon ouvrage, préfacé par Marc-Alain Ouaknin, qui se déploie en trois parties :

1-Un plaidoyer contre la violence

2-Une approche phénoménologique de la réception du verbe chez Levinas

3- Du verbe au faire ?

Nous ne reviendrons pas sur chaque chapitre qui explore le message éthique inscrit dans le cœur des textes, non sans qu'il prêtât à une vraie discussion.

Je ne saurais dire en vérité si la fréquentation étroite et régulière de l'œuvre du philosophe est capable de nous changer quelque part.

Tout ce que je peux suggérer, c'est que cette fréquentation en question peut nous inviter à devenir plus humain.

Tel un souffle prometteur, l'écriture porterait ainsi en germe, ce pouvoir indéfinissable, de nous faire voir et entendre autrui, ou tout au moins, de prendre en compte, le simple et légitime fait de son existence.

Oui, un souffle prometteur à devenir plus humain… Voilà, ce qui me vient spontanément à l'esprit, en me remémorant, que ce souffle bouleversant porté par l'appel d'autrui s'apparenterait, à ce que Levinas nomme le

Messie, et dont la première condition de survenue en chacun, serait qu'il commençât à briser la coque de son égo, afin de laisser entrer autrui en soi, par l'entremise d'une bonté désintéressée.

Le rapport au texte de Levinas, ne serait-il pas ainsi porteur de vie ?

C'est bien ce à quoi l'on pense, dès lors que l'on sait que l'appréhension de ces mêmes textes serait potentiellement capable de nous faire réfléchir, d'interrompre – ne serait-ce qu'un instant – notre ivresse d'être, pour entendre un autre son que le nôtre, bref de nous ressourcer et pourquoi pas de nous apaiser.

Car une chose est sûre : le texte aide à vivre. La lecture de Levinas et d'autres penseurs du même acabit, est, on ne peut plus précieuse, pour trouver de l'air frais, en faisant en sorte, que nous tentions, encore et toujours, comme signe majeur de notre dignité d'humain, de voguer au-delà de l'être…

Je ne sais en vérité, si nous en sommes réellement capables. Mais ce que je sais en revanche, c'est que l'intention n'est pas à négliger.

S'agissant par exemple de la relation thérapeutique, il s'avère qu'à travers son œuvre, Levinas dispense une magistrale leçon à la modernité médicale. Avec lui, le simple quotidien se hisse au rang d'une catégorie philosophique. En renversant comme il le fait l'ordre des choses, on a envie de dire que ce serait en se privant de son apport, que l'on deviendrait suspect d'incomplétude dans la relation à l'être souffrant. Le corps, l'organisme, ne sont pas que des entités anatomiques. En prendre conscience, n'est-ce pas déjà s'opposer à un certaine violence, celle qui s'agrippe aux coïncidences et scelle l'adéquation absolue du signe au sens ?

Derrière le paraître, il n'y aurait guère de monde caché, ni ésotérique, il n'y aurait que du non visible. Et peut-être ne faudrait-il pas perdre de vue que derrière le protocole clinique se tapit l'humain qui reste à découvrir.

Telle est la leçon de Levinas.

Au delà du souffle éthique, en germe dans la substance du texte, il y a ce geste, toujours émouvant, de la main offerte, de la main fraternelle qui se donne à l'autre, tel un signe pacifié de débordement de soi, et ce, sans aucune autre attente que de se laisser porter par la fraternité et l'amour…

Enfin, qu'il me soit permis de citer un extrait de la préface accompagnant *« La Brisure de la Coque »,* que m'a consacrée Marc-Alain Ouaknin, Rabbin, philosophe, écrivain, spécialiste de la pensée de Levinas.

Elle m'est allée droit au cœur, et je ne vois pas comment je peux résister au plaisir d'en rendre compte ici.

 « Tous les grands thèmes de la philosophie de Levinas sont abordés, toutes les oppositions classiques de cette philosophie, oppositions qui ne sont jamais binaires mais qui font accéder à un au-delà des concepts classiques et nous oblige à les réentendre et les réinterpréter.

Ce qui fait de ce livre une excellente introduction à l'œuvre du philosophe. Avec une acuité critique et une volonté de faire résonner les harmoniques de cette pensée réputée, à juste titre, difficile, Claude Bochurberg offre au lecteur un petit bijou qui évite l'écueil trop souvent rencontré d'un résumé ou d'une simple répétition de l'œuvre. C'est un livre qui a du style ! ».

« QU'EST-CE QUE LA PSYCHANALYSE APPELLE PENSER » ?

(PRÉSENTÉ AU SÉMINAIRE DE RECHERCHE EN PSYCHANALYSE PORTANT SUR LE FÉMININ, SOUS LA DIRECTION DE KARINNE GUENICHE ET CLAUDINE NATAF)

A PARTIR DU TEXTE DE M. MATHIEU 2018.

Sans revenir sur l'œuvre complexe de Granoff, notamment dans son exploration de la pensée et du féminin, située d'emblée au « cœur de l'être de l'inconscient », je propose pour ce qui nous concerne d'aller droit au questionnement lové dans la partie terminale de l'article signé de M. Mathieu, où il déclare ceci qui nourrira notre réflexion ce soir :

« Ainsi le refoulement dans la psychanalyse montre bien que le caractère central quant à une métapsychologie de la pensée, est une notion sans cesse à l'œuvre chez Heidegger.

Bien qu'elle n'emprunte pas le même visage conceptuel, elle en métamorphose philosophiquement le même contenu.

Ce qui est à penser, est-il dit dans : « Que veut dire penser ? », et ce que nous ne pensons pas encore, cette chose qui se détourne de l'homme autant que l'homme se détourne d'elle, c'est l'être de l'étant.

L'être de l'étant représente le phénomène, ce qui apparaît dans le même temps qu'il se voile. C'est à dire pour la psychanalyse, l'inconscient au sens de refoulé. Ce qui se dérobe, et qui donc était déjà là, c'est cela qui est à penser...

Présence, dévoilement, recueillement mais aussi « brusquerie cachée de l'absence possible », tout ceci fait que, ajoute l'auteur :

« *Nous ne pouvons jamais penser l'origine de l'être de l'étant, n'étant qu'en chemin vers lui* », et de conclure par ces mots :

« *Mais la pensée n'est pensée que lorsqu'elle pense fidèlement l'être de l'étant : cela qui par ce terme est nommé, au sens propre du terme, c'est à dire hors parole, comme l'inconscient.* ».

Ceci étant posé, et pour rester dans le tempo de notre séminaire, nous resserrerons notre propos autour de la problématique du féminin incluse dans la dynamique de la pensée analytique, ainsi que le suggère au fond Mathieu dans son article.

Et, puisqu'il nous faut bien partir d'une piste pour explorer ce « Roc Noir », je choisis au départ de me référer à Emmanuel Levinas pour guider notre réflexion, dont nous savons la dette à l'égard de Heidegger pour son Maître-ouvrage « Sein und Zeit » daté de 1927, mais également son rejet et son opposition philosophique survenue plus tard, face aux textes incitant au « retour du matin Grec », prôné par celui qui fut le Recteur de l'Université de Fribourg dès 1937-1938, et soutien déclaré du Führer.

Qu'est-ce qu'entend Levinas par cette notion du féminin, puisée en particulier dans « Le Temps et l'Autre », et qui ne me semble pas à priori éloigné de ce que commente Mathieu dans son article ?

Ecoutons :

« Ce qui m'importe dans cette notion du féminin, ce n'est pas l'inconnaissable, mais un mode d'être qui consiste à se dérober à la lumière. Le féminin est dans l'existence un événement différent de celui de la transcendance spatiale ou de l'expression qui vont vers la lumière. C'est une fuite devant la lumière. La façon d'exister du féminin est de se cacher, et ce fait de se cacher est précisément la pudeur. Aussi cette altérité du féminin ne consiste-elle pas en une simple extériorité d'objet. Elle n'est pas faite non plus d'une opposition de volontés. L'autre n'est pas un être qui nous menace ou qui veut s'emparer de nous. Le fait d'être réfractaire à notre pouvoir n'est pas une puissance plus grande que la nôtre. C'est l'altérité qui fait toute sa puissance. Son mystère constitue son altérité. ».

Ce qui est pensé du féminin, donc selon Levinas, autrement dit : *« Ce mode d'être qui consiste à se dérober à la lumière »,* ne s'oppose pas dans un premier temps à la pensée de Heidegger qui lui affirme ceci dans : *« Retour au fondement de la Métaphysique »*

« La lumière ne représente l'étant et constamment que sous le point de vue de l'étant ».

Et plus loin :

« De quelque manière que l'étant puisse être interprété... A chaque fois l'étant apparaît comme étant dans la lumière de l'être... Parce que la Métaphysique interroge l'étant en tant qu'étant, elle s'en tient à l'étant et ne se tourne pas vers l'être en tant qu'être... ».

Ces phrases pénétrantes témoignent – on le voit – d'une certaine homogénéité avec les propos de Levinas, lesquels suggèrent en filigrane que la notion d'étant du féminin, n'est certainement pas le reflet de « sa lumière », qu'elle serait à rechercher au fondement de son être, un être dérobé à la fulgurance du regard, auquel se heurterait la monade de l'étant.

Mais allons plus loin encore dans l'exploration de cette pensée, en prenant appui chez Marlène Zarader, auteure de « La dette impensée » (Seuil), lorsqu'elle s'attache à faire retour sur « *les caractéristiques de l'essence originelle de la pensée* » méditées par Heidegger, et dont elle restitue les principales articulations, en montrant que chez le philosophe d'Outre-Rhin, ce qui conditionne la pensée dès l'origine, c'est « *l'autre* » qu'il nomme « *le pensable* », et qu'il définit comme « *ce qui donne à penser* ».

Et, ajoute Marlène Zarader :

« Du fait qu'elle suppose cet autre, la pensée est structurée, comme le langage en mode d'accueil... Et si le pensable demeure si difficile à penser (« nous ne pensons pas encore »), c'est qu'il ne nous appelle qu'en se dérobant. La pensée est donc l'accueil d'un autre qui se retire et qui, par ce retrait même la revendique (in Qu'appelle t-on penser ?) ».

Penser, c'est donc être guetté par la menace de l'oubli, et c'est parce que le pensable se retire en même temps qu'il se pense qu'il est indispensable de s'en souvenir. Ainsi comme le souligne l'auteur :

« Penser, c'est donc garder mémoire, en existant sur le mode de la fidélité... Fidélité à la voix silencieuse qui parle dans la langue. Raison pour laquelle la

pensée devenue fidèle est indissociablement mémoire du don et attention aux paroles où ce don reste pris. Penser, c'est se tenir à l'écoute de la langue afin de se souvenir de l'être. ».

L'accueil du don serait défini comme la mémoire d'un bienfait, en somme une sorte de reconnaissance :

« *Penser, c'est à tout instant rendre grâce… »*

Pour résumer, on peut dire que ces caractéristiques de l'essence originelle de la pensée reposent sur les notions d'accueil, de mémoire et de reconnaissance, car affirme Marlène Zarader :

« *Ce n'est qu'à condition de tenir ensemble ces trois dimensions que l'on peut approcher, fut-ce de manière approximative, ce que veut dire « denken », penser –de même qu'exister -, c'est être ouvert à un autre, qui n'est jamais donné, qui néanmoins mystérieusement nous traverse et qui nous constitue… ».*

A l'évidence c'est cette approche Heideggerienne qui nourrit l'article de Mathieu, relayant la pensée de Granoff, attentive à « *se situer d'emblée au cœur de l'être de l'inconscient.* ».

Mais cette approche fondée sur l'exercice de la phénoménologie d'inspiration Husserlienne présente le désavantage d'être quelque peu datée, face au ressourcement apporté par l'œuvre de Levinas, dont je vais tâcher de brosser les grandes lignes, s'agissant de son opposition à Heidegger.

Ainsi, dans cette optique, attardons-nous une fois encore sur le point nodal de l'œuvre de Heidegger, proposant en même temps que le discours sur l'être, un *« oubli »* de l'être, un être en continuel mouvement au sens d'Héraclite, (en train d'être de façon ininterrompue), dont Levinas a défini l'essence, doté d'un *« a »*, (essance) afin de la distinguer de l'essence au sens classique…

Jusque-là, il n'y a là rien de bien opposable entre les deux penseurs. Levinas en effet rejoint Heidegger lorsque ce dernier affirme que la métaphysique occidentale est fondée sur l'oubli de l'être, autrement dit la différence ontologique que l'on perçoit entre l'être dans sa mouvance d'être et l'étant essentiellement appréhendé par le biais du langage.

Or, ce qui caractérise en propre Heidegger pour explorer cet oubli du fondement de l'être, c'est de repenser l'histoire de l'ontologie en proposant de détruire les différentes strates qui recouvrent l'ontologie, afin de rendre sa fraîcheur originelle à l'ensemble d'une tradition sclérosée, faite d'allusions accumulées avec le temps.

Comme le souligne Marc-Alain Ouaknin dans :

« Méditations érotiques » :

« Heidegger pose l'idée de l'existence d'un noyau de vérité de l'être qu'il faudrait reconquérir par-delà la tradition qui recouvre les choses… La tâche de Heidegger reprend le projet Husserlien de pouvoir « questionner en retour » le savoir initial oublié dans les traditions enfouies, et même de retourner au savoir immédiat de l'étant d'où dérivent les traditions, si plongées dans l'obscurité, soient-elles.

Les archi-commencements du savoir doivent pouvoir être arrachés à la nuit de l'oubli… ».

Et, poursuit l'auteur :

« Le projet phénoménologique de Husserl et de Heidegger dans « Sein und Zeit » est le dévoilement de l'origine des choses et de l'être, amenant ainsi à une philosophie de la lumière, de la clarté, débouchant sur une ontologie équivalente à l'existence panoramique et à son dévoilement… ».

Et, voilà que se profile notre point de rupture entre Levinas et Heidegger. En effet, avec le projet Heideggerien, tout entier dévolu à la recherche de « la lumière », en faisant retour à « l'Arché », c'est à dire au commencement des commencements, disparaît en fait la part de l'ombre, si chère à la tradition hébraïque.

Plus de transcendance possible !

Royaume du résolument découvert !

Assignation. Nudité absolue !

Comme le dit avec force Levinas, en opposition à Heidegger, dans sa thèse centrale de doctorat d'Etat : « *Totalité et Infini* » :

« *Dans la clarté, l'être extérieur se présente comme l'œuvre de la pensée qui le reçoit. L'intelligibilité caractérisée par la clarté est une adéquation totale du pensant au pensé dans le sens très précis d'une maîtrise exercée par le pensant sur le penser où s'évanouit dans le projet sa résistance d'être extérieur… La clarté est la disparition de ce qui pourrait heurter…* ».

Opposition radicale donc entre filiation Grecque et Juive !

Si d'un côté, la « *prise, la saisie* » sont recherchées. De l'autre, on respecte : « *la nuit de l'érotique, la nuit du caché, du clandestin, du mystérieux* » Et quand bien même : « *l'essentiellement caché se jetterait vers la lumière, il ne deviendrait pas pour autant signification pure…* ».

A cette philosophie de la prise donc, vient se substituer une philosophie de « la caresse », mise en évidence par Marc-Alain Ouaknin, dans son essai sur Levinas, laquelle « Caresse » reflète pleinement la quintessence de la tradition hébraïque dans ses modalités recouvrant les notions de « visible-invisible », dans sa proximité avec l'imprononçable. « Hashem. »

Pour Levinas, la vérité n'est pas à rechercher du côté du socle archaïque du « Langage, du Savoir, de la Mémoire et de la Reconnaissance », comme le veut Heidegger.

Le sens de la vérité métaphysique, selon Levinas, ne consiste pas à capturer, à saisir le fondement du découvert, mais à veiller avant tout au respect de l'être. Tel est ce qui se donne à appréhender et à penser dans « l'Humanisme de l'autre homme » (Fata Morgana), ouvrage publié en 1972 en poche, au sein duquel, Levinas expose son concept de « trace » qui s'inscrit dans le sillage de l'ombre, et rompt avec toute idée de ce qui « fixe la conscience » pour la remplacer par l'idée d'un « au-delà » :

« L'Au-delà est précisément au-delà du « monde », c'est à dire au-delà de tout dévoilement, comme l'Un de la première hypothèse de Parménide, transcendant toute connaissance fût-elle symbolique ou signifiée. ».

Cet « *au-delà* » amène à la notion de « *visage* », qui est abstraction et visitation : « *dérangeant l'immanence sans se fixer dans les horizons du monde* ».

Tout cela ferait donc trace. Une trace nous dit Levinas « *qui n'est pas un signe comme un autre. Mais qui joue aussi le rôle de signe.* ».

Et, plus loin tout s'éclaire lorsqu'il déclare :

« *Tout signe fait trace. En plus de ce que le signe signifie, il est le passé de celui qui a délivré le signe…Dans la trace a passé un passé absolument résolu. Dans la trace se scelle son irréversible révolution.* ».

Et enfin, la conclusion ne se fait pas attendre, lorsqu'il affirme ceci :

« *Le dévoilement qui restitue le monde et ramène au monde qui est le propre d'un signe ou d'une signification s'abolit dans cette trace… La trace serait indélébilité même de l'être, sa toute puissance à l'égard de toute négativité, son immensité incapable de s'enfermer en soi, et en quelque façon trop grande pour la discrétion, pour l'intériorité, pour un soi…* ».

Que dire de plus, si ce n'est que cultiver la clarté ou la transparence consiste à river l'être, en particulier, l'être féminin dans une posture panoramique, lui supprimant du même coup toute velléité d'être radicalement autre et infini, fort de son incoercible mystère.

La violence faite à autrui, au féminin ne serait rien d'autre que son assignation à une essence dépouillée, désincarnée, disparaissant sous le despotisme du regard et de la pensée inquisitrice.

Bien heureusement, le sens propre est imprenable.

C'est que l'entre-deux veille. Entre l'un et l'autre, il y a un écart, un espace infranchissable.

La solitude glorieuse de l'être et du féminin serait consubstantielle de son unicité, son quant à soi, qui le prémunirait contre tout savoir-regard extérieur, et contre toute intrusion absolue.

C'est pourquoi, et c'est heureux :

La relation entre *l'une* et l'autre ne se laisserait pas saisir.

Elle est mystère, nous contraignant à jamais au dehors !

Et son mystère, constitue son altérité, dès lors que l'on pense le féminin !

Un Au-delà qui nous enjoint de veiller à son intégrité…

« INTRODUCTION A L'OSTÉOPATHIE PSYCHOSOMATIQUE »

« MARDI DE LA SANTE » SUR UNE INVITATION DE KAREN TAIEB, ADJOINTE A LA MAIRE DE PARIS, CONSEILLÈRE du 4ième ARRONDISSEMENT, CHARGÉE DE LA SANTÉ, 2018

Le métier d'ostéopathe participe d'une complexité infinie. Ce métier se nourrit de la relation d'un humain avec un autre humain. Une relation donc du même au même, mais qui ne saurait éviter l'asymétrie, entre d'une part le « sujet supposé savoir », cher à Lacan, autrement dit celui qui détiendrait les clefs de la réponse aux choses et le demandant.

Pour ce qui concerne l'ostéopathe, la complexité vient du fait qu'il se heurte à une oscillation incessante entre l'écoute verbale du dire du patient, et ce qu'il perçoit au plan somatique, afin de poser un diagnostic et entreprendre un protocole de traitement.

Mais autant le dire : Là où cela se complique, c'est qu'en vérité nous ne savons pas grand chose de l'articulation entre le psychisme et le soma, ou le soma et le psychisme, quand bien même nous savons que les deux sont inséparables. Tel est le paradoxe.

On ne connaît pas véritablement le point nodal de l'articulation intime des deux entités, mais pas ailleurs, on sait qu'elles forment un tout.

Ainsi, force est de constater que face à la plainte émise par le patient, nous ne sommes que dans de l'hypothétique.

Le point d'articulation entre psychisme et soma faisant le lit de la plainte, nous conduit à bâtir des hypothèses interprétatives pour nous tenir au plus près du réel, si tant est qu'il puisse être appréhendé de façon absolue.

Aussi, soyons clair, ce que nous devons retenir pour notre propos, c'est que l'important n'est pas d'élucubrer sur du sens « articulé », mais de noter qu'à un certain moment de l'histoire du patient, ça bascule sous forme d'une épine somatique.

Il s'agit donc dans cette voie respectueuse des deux entités (psychique et somatique,), de prendre en compte pour l'ostéopathe ce que j'appelle « l'espace hybride », qui est compris entre le dire verbal, et le voir-toucher du corps du patient, afin de l'accompagner au mieux.

En ce sens, il peut y avoir une autre aventure thérapeutique, où s'ajoute à l'appréhension du corps tel qu'on le pratique en ostéopathie, la dimension de l'écoute du dire du patient (sans bien sûr nous substituer au psychologue ou au psychothérapeute), en gardant présent à l'esprit, comme on le verra plus loin, que nous ne sommes qu'affects et émotions.

Comment en effet pourrions-nous contourner ce fait alors que la physiologie moderne nous apprend que la moindre tension anxiogène interfère sur la moindre cellule de notre organisme.

On parle de Médecine Psychosomatique. Pourquoi ne pas parler à notre tour d'ostéopathie psychosomatique ?

Surtout, si l'on sait qu'il existe bel et bien des endroits privilégiés du corps qui recueillent l'expression des tensions anxiogènes par rétraction des myofibrilles musculaires, ainsi que j'en ai fait état déjà dans mon ouvrage : « *Une approche ostéopathique de l'angoisse* », publié chez Maloine en 1986.

Ces tensions anxiogènes, plus ou moins prononcées, sont le reflet de notre condition humaine. Personne, absolument personne, n'est indemne !

Le quotidien, la charge des soucis, les pertes auxquels nous sommes confrontés, et surtout la représentation mentale que nous nous faisons des choses engendrent chaque jour autant de « traumatismes » dommageables pour l'organisme, ne relevant guère – et c'est là le paradoxe – de leur aspect quantitatif, mais bien qualitatif. Certains en effet sont capables de surmonter un deuil ou une rupture sentimentale, alors que les mêmes peuvent se montrer fortement affligés par la simple remarque d'un collègue, ou d'un voisin de palier.

L'aventure thérapeutique dont je parle s'attache à faire cas de l'humain, en privilégiant la prise en compte du lien existant entre le débordement d'influx anxiogènes, et son interférence somatique, perceptible pour l'ostéopathe, au niveau de l'enveloppe musculaire.

En vérité, il faut peu de choses pour que ces débordements d'influx se propagent le plus souvent à notre insu !

C'est que la vie du sujet fluctuant tout au long de sa vie entre le pire et le meilleur, ne saurait s'extraire du joug du système neuro endocrinien

« totalisant » qui fait que l'on ne saurait échapper au poids despotique de nos influx...

Vous l'avez compris, je refuse tout dogmatisme en matière d'approche du sujet.

Non, mon projet participe d'une quête pour tenter d'approcher au plus près l'unité du sujet dès qu'il est arrêté dans sa persévérance à être, (pour des raisons multifactorielles), engendrant des algies et nombre de dysfonctionnements, dont j'observe lors de mes consultations qu'ils touchent les muscles rouges articulaires et les muscles blancs et lisses qui recouvrent les organes.

Car c'est un fait : les tensions anxiogènes interfèrent sur la texture des myofibrilles, en les rétractant, avec les conséquences que l'on sait au plan de la douleur et de l'impotence, surtout lorsque ces mêmes myofibrilles se tétanisent fortement.

Aussi, je suis contraint de dire que quand bien même tout cela est connu, la recherche faisant converger l'investigation couplée dévolue au psychisme et au soma, dans le but d'accompagner et de traiter au mieux le patient grâce à la présence, la parole et le geste de l'ostéopathe n'a pas fait jusqu'à aujourd'hui l'objet de travaux patents.

J'ai conscience paradoxalement qu'il s'agit ici d'une recherche en quelque sorte neuve, malgré le fait que nul n'ignore que le psychisme retentit sur le soma et réciproquement. Mais une certitude ne fait pas avancer si l'on se contente de la dire, voire de la réciter, sans tenter de voir ce qu'elle contient de vérité.

Cette introduction à l'ostéopathie psychosomatique relève donc d'un défi. Celui d'explorer ce continent complexe, qui comme je le soutiens plus haut, s'impose comme un espace hybride compris entre le dire (inséparable du psychisme) et le corps du sujet.

Cet espace n'est évidemment pas saisissable dans la mesure où par nature, il ne saurait y avoir adéquation entre le langage et le vécu d'une part, et le soma d'autre part, qui lui ne dispose pas d'un langage parlé, à l'instar de la parole.

En tout cas, après des années de pratique, j'affirme que le patient est sensible à cette démarche. Plus qu'un patient anonyme, il devient cette personne unique, porteuse d'une histoire unique, d'une souffrance ou d'une douleur unique !

Tel est à mon sens ce qui doit faire l'objet d'une méditation constante.

En retenant que l'approche de l'ostéopathie psychosomatique, sensible aux interactions des mouvements psychiques, ainsi que les relations avec ces mouvements chez les patients souffrant de troubles somatiques n'aurait pas d'autre objectif que de prendre conscience de ces données, afin que le patient ne soit pas laissé de côté quant à son histoire lourde le plus souvent de blessures ou de traumatismes (au sens où je l'ai défini plus haut), passés ou actuels.

Enfin, je me permettrais d'ajouter qu'à partir du moment où l'on tente cette démarche proprement éthique, de prendre en compte généreusement l'être-corps du patient, avec cette vision holistique, la consultation ostéopathique participe d'une aventure passionnante, auréolée d'une humanité enrichissante et gratifiante.

Je vous propose de revenir très brièvement sur les grandes étapes de ma démarche qui se déploient en trois parties dans l'ouvrage. Avec la première partie consacrée aux tensions anxiogènes, reflet de la condition humaine, où je pointe l'exemple du muscle psoas (qui fait l'objet d'un ouvrage fort d'une 4ième réédition : « *Le cri du Psoas, ou le reflet de l'humain* »), comme étant l'expression même, en cas de rétraction du « temps arrêté ou de la crise de l'être ».

La deuxième partie elle, s'attache à montrer le lien existant entre la psychosomatique et sa référence Freudienne.

Et enfin la troisième partie s'applique à mettre en relief, le fait que l'ostéopathie psychosomatique, relève le défi d'une authentique rencontre interhumaine….

« L'ETRE-CORPS ET L'AVENTURE OSTÉOPATHIQUE FACE À « L'ESPACE HYBRIDE. »

(CONFÉRENCE DONNÉE À BORDEAUX SUR INVITATION DU REGISTRE DES OSTÉOPATHES DE FRANCE LORS DE SON ASSEMBLÉE GÉNÉRALE EN 2019)

Hommage à Andrew Taylor Still !

Ce médecin créatif génial qui fonda sa praxis gestuelle sous le nom d'ostéopathie en se tenant au plus près, comme nous le savons, des données anatomo-physiologiques.

Je ne reviendrais pas sur « *la structure devant gouverner la fonction* », cette même structure devant être baignée par un flux sanguin intègre, comme vecteur de santé : « *la loi de l'artère est suprême.* ». Telles sont les bases principielles les plus connues de son héritage.

En revanche, j'ai envie de dire ici que comme tout héritage, surtout thérapeutique – on admettra – qu'il puisse être repris, puis étendu et développé.

A la fin du 19ième siècle, la codification gestuelle de Still, parant aux dysfonctionnements d'ordre somatique était en avance sur son temps, dans la mesure où les principes qu'il initia reposait sur les potentialités naturelles du praticien (en l'occurrence ses mains), et sur les ressources de l'organisme pour se régénérer.

Rien n'était plus moderne à l'époque et même aujourd'hui.

Mais ce serait une erreur de s'en glorifier !

Still lui-même n'utilisait-il pas le terme « d'oser » pour évoquer sa quête, sans pressentir peut-être en son temps qu'elle interpellerait les sciences humaines en la hissant au niveau d'une catégorie philosophique ?

Idem avec sa période post-Stillienne avec sa révolution crânio-sacrée.

Et pourtant, nous en sommes là de nos jours en raison de problématiques posées par notre relation infiniment complexe avec le patient. Still, et telle est sa marque dans l'Histoire, a essaimé à partir de son approche somatique, le terreau d'un autre espace, pleinement métaphysique cette fois, qui est loin d'avoir livré tous ses secrets.

C'est que l'ostéopathe se confronte à la souffrance d'un « patient-humain » tel que je l'ai qualifié dans un essai antérieur, avec tout ce que cela suppose d'opacité infinie et de questionnement.

La confrontation de la souffrance ou la douleur du patient-humain évolue dans un espace que je qualifie « d'hybride », car on observe que la plainte du patient fait son lit entre ce que l'être-corps donne à voir (toucher) et ce qu'il laisse entendre de son dire verbal.

Soyons clair. La vocation première de l'ostéopathe ne consiste pas en l'écoute du patient telle qu'elle se pratique en psychanalyse ou en psychothérapie. L'approche en Médecine Ostéopathique est essentiellement somatique, mais ce serait faire injure au sujet que de l'appréhender exclusivement sous cet aspect.

Nous sommes confrontés à ce que j'appelle un « être-corps » dont la parole portée par le langage, (sa demeure intime), qui à ce titre mérite d'être « écouté », voire entendu.

Je n'ai jamais caché que l'exploration de cet espace hybride (encore une fois compris entre le voir-toucher et le dire verbal), relevait de l'utopie la plus folle.

Mais bien que faisant l'objet d'une quête inaccessible, cet espace existe néanmoins, et nous devons le prendre en compte pour cerner le cas clinique du patient, et conséquemment l'angle sous lequel, on doit l'accompagner au mieux.

Telle est la problématique : l'être-corps et le langage, bien perméables l'un avec l'autre, font montre en vérité, d'une dualité insurmontable.

L'inadéquation entre l'un et l'autre est un fait patent, sensible. Rien n'est fixe, défini de façon absolue. Il y aurait ainsi entre les êtres et le langage pour exprimer son vécu, un lien marqué par un vide, une béance, un manque, en somme la marque d'une inadéquation originelle.

Nous voguons de ce fait en pleine opacité.

Mais tel est le gage de notre authentique liberté, car nul ne saurait être captif du désir ou du fantasme d'autrui.

L'autre nous échappe ? Il ne peut être « saisi », assigné à une essence, car il est ontologiquement fuyant.

Son intériorité ne pouvant être défloré, son intégrité est sa loi.

Et pourtant, force est de constater que la réalité est tout autre.

Ordinairement, le patient n'a aucune chance d'échapper à notre vision. Il est comme figé. Sans avenir aucun.

Entre les êtres, rien ne va de soi. Je te vois, tu me vois, je crois savoir, tu crois savoir. Mais nous ne voyons rien vraiment. Nous ne savons guère plus !

Entre le êtres s'installe une sorte de magma qui handicape la conscience au point de se satisfaire de ce que la substance du monde – être et chose – lui impose à priori.

C'est pourquoi, nous avons toute raison de nous méfier de notre regard. Son apparente perfection n'est que faiblesse. Ce que je vois de l'autre, quand bien même il s'exposerait sans fard, n'est pas encore celui que je vois.

La question loin d'être délirante est fondamentale pour les praticiens que nous sommes.

En effet : Tous ces êtres-corps offerts à la main et à la vision de l'ostéopathe permettent-ils d'être percés à nus pour autant ?

Exposent-ils l'être à une clarté sans faille ?

La pseudo-nudité du patient lève t-elle pour autant le masque, derrière lequel il se tapit en tout bien tout honneur ?

Et bien non !

Il faut que ce soit dit et redit : Contrairement à ce que l'on croit : le nu n'est jamais tout à fait nu.

Car l'être retranché en lui-même, à l'abri de son enveloppe de peau ne se livre toujours pas.

Nu, il est toujours habillé de peau. Son mystère reste entier.

L'œil le plus voyeur, le plus pervers ne compromet guère l'intégrité (intérieure) de celui ou celle qui fait l'objet de notre regard. La peau, rempart du contenant s'y oppose radicalement.

L'œil n'entre pas. Tout juste ne fait-il que glisser sur l'enveloppe.

La nudité de l'être, à l'abri derrière sa membrane de peau, ne fait que réfracter l'œil qui se hasarde à toute exploration.

Entre la peau et l'œil qui lui fait face, se tisse du mouvant.

On ne fait que « surfer » (et le plaisir naîtrait comme on peut s'en douter de l'arrêt, de la focalisation en somme sur telle ou telle partie de la silhouette)

Aussi, ce « glissement » sauve t-il l'être de toute intrusion extérieure, en préservant la transcendance ou l'ailleurs de cet être même. Un être donc imprenable. Un être unique, seul absolument qui renvoie aux propos de Levinas (in de l'Existence à l'Existant) :

« La solitude est l'unité même de l'existant, le fait qu'il y a quelque chose dans l'exister à partir de quoi se fait l'existence. Le sujet et seul parce qu'il est un. Il faut une solitude pour qu'il y ait liberté du commencement, maîtrise de l'existant sur l'exister, c'est à dire en somme pour qu'il y ait existant. La solitude n'est pas seulement un désespoir et un abandon, mais aussi une virilité et une fierté et une souveraineté. ».

Dans le même mouvement de la « vision » du sujet, il faut tout aussi bien se méfier du recueil de son dire. Car nous évoluons, comme le soutenait Lacan dans le *« mi- dire »,* en retenant que l'on ne saurait prétendre à une adéquation entre le langage et ce que nous éprouvons, et par ailleurs, il est fait que l'on présente le plus souvent les choses selon un angle qui tourne à notre avantage. Socrate ne disait-il pas, au temps de la Grèce antique : *« Nul n'est méchant volontairement ».*

L'exposition de soi, au travers du dire adressé à l'autre, avance masqué sur fond de bienveillance envers soi, d'édulcoration et de refoulement, ainsi que nous l'apprend Freud dans sa description des forces despotiques du Surmoi.

« L'espace hybride », dont je parlais plus haut est ainsi consubstantiel du questionnement posé à l'ontologie, où l'on observe pour résumé, que le sujet est insaisissable et radicalement seul, comme le déclare Levinas dans : « *Le Temps et l'Autre* » :

« Par la vue, par le toucher, par la sympathie, par le travail en commun, nous sommes avec les autres. Toutes ces relations sont transitives ; je touche un objet (le patient ou l'autre), je vois l'autre. Mais je ne suis pas l'autre. Je suis tout seul. C'est donc l'être en moi, le fait que j'existe, mon exister qui constitue l'élément intransitif, quelque chose sans intentionnalité, sans rapport.

On peut tout échanger entre les êtres sauf l'exister. Dans ce sens, exister c'est s'isoler par l'exister. ».

L'isolement pour destin donc. Un isolement tel une forteresse.

Auquel il faut ajouter le dire du sujet dont la trame et le plus souvent une construction, voire une reconstruction personnelle et subjective. Telles sont les données auxquelles doit se confronter l'ostéopathe dont le défi est de chercher à rompre cet enfermement de la monade par le biais de sa présence, son geste et sa parole.

C'est ainsi que de « l'air frais » peut s'engouffrer par bonheur au sein de cette monade. Le patient se sent mieux, se sent bien.

Mais les données ontologiques ne sont guère ébranlées de façon absolue pour autant.

Et, de là découle le lien entre ontologie et phénoménologie.

Comme le soutient Husserl, (l'initiateur de la phénoménologie, et à sa suite Heidegger, Sartre et Merleau-Ponty) : Il s'agit seulement de décrire les choses et les êtres, en retenant que nous sommes contraints au dehors, sans possibilité de percer leur essence.

Pour être plus concret, je dirais que le fait d'être au plus près du patient, de l'accompagner de manière la plus étroite et empathique n'empêche nullement de rester à sa périphérie.

Nous sommes en quelque sorte rivés à la marge.

Nous percevons ce qui relève du phénomène donc, sans pouvoir percer ce qu'il en est de l'intériorité, du « noyau » des choses et des êtres, que Kant nomme *« le noumène face au phénomène »*.

Telle est la rencontre ostéopathique avec le vivant, un vivant opaque, oscillant entre ontologie et phénoménologie. Une rencontre fondée sur « la dialectique palpatoire », telle que je l'ai définie dans les essais, où le contact charnel nourri de sensations subjectives se déploie entre rapprochement et éloignement.

Dans l'instant, rien ne se pense !

Les afflux émotionnels imposent leur loi sur fond d'étrangeté, de conflit entre rejet et adhésion.

Les sentiments, le ressenti (pensé) viennent après la rencontre.

Lors de cette quête de l'espace hybride, entre ontologie et phénoménologie, hors du champ de recherche de Still et de ses successeurs, l'ostéopathe doit au sein de la clinique intégrer la verbalisation du patient en portant son attention au langage sous toutes ses facettes.

Car, nous ne devons pas perdre de vue que nous sommes habités par le langage, qui est comme le déclare Levinas : *« la demeure de l'être »*.

Nous ne reviendrons pas sur les notions de « parole parlante et de parole parlée », chère à Merleau Ponty. Cela nous emmènerait trop loin. Les neurosciences n'ignorent pas aujourd'hui à l'appui de la réflexion de Boris Cyrulnik, il y a plus de 30 ans déjà que la parole possède le même effet qu'une molécule médicamenteuse !

Rien de nouveau pour la Bible qui proclame que : « *La mort et la vie sont au pouvoir de la langue.* ».

Si l'on admet que le langage vit au rythme de l'être et l'être au rythme du langage, on comprendra qu'il faille prendre en compte ce recueil de la parole (au sens d'un parole parlante, existentielle), témoin de la vitalité du langage (ou non) au sein de la consultation ostéopathique.

Une langue coagulée par la prison des mots. Une langue fixée, inefficiente par la répétition, les lieux communs, les slogans et autres scories, ne produit rien de nouveau.

Elle récite et stagne au même rythme que l'être-corps.

Souvenons-nous de leur dualité existentielle. L'une interférant sur l'autre et réciproquement.

Telles sont les données que l'ostéopathe devrait intégrer dans sa pratique, afin que le patient retrouve une certaine fluidité de son être-corps. Une nouvelle fraîcheur également, en se familiarisant, grâce aux soins de l'ostéopathe, avec le surgissement d'une parole parlante, en symbiose avec le mieux-être éprouvé de son corps.

Un nouveau défi est donc lancé à l'ostéopathie face à « l'espace hybride », avec son questionnement implicite, le hissant du même coup, aux confins d'une catégorie philosophique.

Le jeu en vaut la peine. Le patient considéré dans sa plénitude d'humain, est bien sûr, sensible à cette démarche.

Notre métier a ainsi de beaux jours devant lui.

A condition que ses acteurs fassent montre de générosité, dans l'accueil fait au « *patient-humain.* »

POUR NE PAS CONCLURE

Traiter autrui, c'est tout entreprendre pour engendrer dans la douceur un retour à son équilibre, son homéostasie.

Pour se faire, il va sans dire, que nous devons nous adapter à chaque sujet unique.

Rien n'est à exclure concernant « l'être-corps » dans cette démarche par essence holistique, généreuse.

L'accompagnement du « *patient-humain* » participe d'une écoute et d'une dynamique gestuelle subtile, où l'on est avec l'autre, tout en veillant à garder la maîtrise du traitement.

L'accompagnement se veut fraternel dans la proximité et la séparation en même temps.

Cet accompagnement est fondamentalement éthique, dans la mesure où il respecte le mystère de l'autre.

Le praticien, s'il veut remplir convenablement sa mission doit se donner un recul suffisant, en veillant à rester séparé du patient, non pas bien sûr, sous la forme d'une certaine froideur, mais en prenant de la hauteur, de façon à refuser l'immédiateté du sens, qu'il soit de l'ordre du dire (verbal) ou de l'ordre palpatoire.

L'approche du patient et la « théâtralisation » qui incombe à la consultation ostéopathique exige une certaine fluidité du praticien alliée à une véritable rigueur clinique.

Cette fluidité ne favorise-t-elle pas dans le meilleur des cas une certaine légèreté de l'être, sereine, libre, ouverte, tolérante ?

Bref, une légèreté porteuse de sagesse qui requiert face à la douleur où le mal-être d'autrui de l'accueillir avec les lunettes de l'infini...

Claude Bochurberg, DO MROF

SOMMAIRE

Du même auteur	p7
Dédicace	p9
Avant-propos	p11
« La Main ou la promesse d'une parole-geste. » Cerisy-la-Salle	p13
Réflexion autour d'un cas clinique. Université René-Descartes-Paris V	p33
La consultation ostéopathique face à l'entité psychosomatique	p47
Compte Rendu de 3 cas cliniques à l'attention d'un « Groupe Balint » de confrères ostéopathes	p53
Plaidoyer pour l'Opacité. Revue Sigila	p67
« Les maux derrière les maux. » Conférence donnée à l'AG du ROF tenue à Paris	p77
Présentation de la « Brisure de la coque ou une transmission du dire dans l'œuvre de Levinas » au séminaire de Necker	p87
« Qu'est-ce que la psychanalyse appelle penser ? » Communication présentée au séminaire portant sur le féminin (Boulogne)	p93
« Introduction à l'ostéopathie psychosomatique », intervention au mardi de la santé. Pars IV. 2018	p103
« L'être-corps et l'aventure ostéopathique face à « l'espace hybride », conférence donnée à l'AG du ROF tenue à Bordeaux 2019	p109
Pour ne pas conclure	p119